清　金农《杂画册》之三

元　倪瓒《容膝斋图》

元　倪瓒《渔庄秋霁图》

元 钱选 《秋江待渡图》（局部）

山色空濛翠欲流 长江浸碧一
天秋 茅茨萧萧日寒 烟外文立行
人待渡 册

清 恽南田 《古木寒鸦图》

古榭溪烟挂残叶
横坡路九集长
村宿居处八荒邑
於兰阿品年枝
致阿瞒

鸟鹊将接枚村烟欲上时寒辟
何心起风在家高枝
翠丘迎古木寒鸦
南田

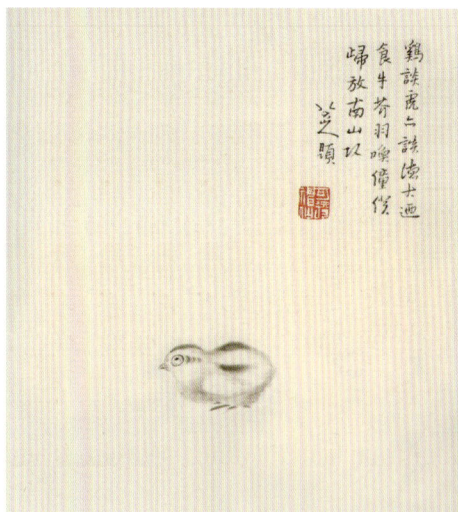

清 八大山人《鸡雏图》

清 八大山人《孤鸟图》

清 八大山人《孤鸟图轴》

· 清源书院人文素养大讲堂 ·

DAXUESHENG RENWEN SUYANG MINGJIA JIANGZUO

大学生人文素养
名家讲座 （二）

主　编　杨荣祥

编委会（按音序）：

杜冰心　王国洪　王荣霞　杨钟红　张曼迪

中国教育出版传媒集团　语文出版社

· 北京 ·

图书在版编目（ＣＩＰ）数据

大学生人文素养名家讲座. 二 / 杨荣祥主编. -- 北
京 : 语文出版社，2024.1
ISBN 978-7-5187-1888-7

Ⅰ. ①大… Ⅱ. ①杨… Ⅲ. ①大学生－人文素质教育
Ⅳ. ①G640

中国国家版本馆CIP数据核字(2024)第031681号

责任编辑	康　宁	
装帧设计	徐晓森	
出　　版	语文出版社	
地　　址	北京市东城区朝阳门内南小街51号　　100010	
电子信箱	ywcbsywp@163.com	
排　　版	河北新华第一印刷有限责任公司	
印刷装订	北京市科星印刷有限责任公司	
发　　行	语文出版社　新华书店经销	
规　　格	787mm×1092mm	
开　　本	1／16	
印　　张	16　　　插页2	
字　　数	241千字	
版　　次	2024年1月第1版	
印　　次	2024年1月第1次印刷	
定　　价	48.00元	

☎ 010-65253954(咨询)　010-65251033(购书)　010-65250075(印装质量)

目　录

近代中国的思想世界　　　　　　　欧阳哲生　001

中国传统艺术的人文价值　　　　　朱良志　025

语言表达的艺术面面观　　　　　　袁毓林　055

"艺画"与"术画"　　　　　　　　李　松　085

中国神话世界观　　　　　　　　　陈泳超　099

理想美与希腊艺术的意境　　　　　朱孝远　121

技术如何思考　　　　　　　　　　李道新　139

如何看待网络文学?　　　　　　　邵燕君　159

理解新媒体时代　　　　　　　　　李　玮　199

后　记　　　　　　　　　　　　　　　　247

近代中国的思想世界

北京大学历史学系　欧阳哲生

【内容提要】

　　近代中国是一个思想变革的大时代。产生近代思想的途径一是援西入中，一是推陈出新。变革的思想主题是寻求富强，探寻中国的现代化。围绕这一主题，近代中国的思想界出现了各种流派，诸如文化保守主义、社会主义、自由主义之争，他们提出了救国、强国的各种方案，民族主义是覆盖各种思潮的普遍特征。中国近代的思想流派发展并不充分。近代思想具有民族性、政治性、开放性、致用性诸特点。中国近代思想的酝酿、发展经历了一个艰难、突变、剧烈的演变过程，其基本趋向是由求变到维新、再到革命。近代中国思想的研究对象主要是以思想家、社会思潮和观念演变为主。讲座将围绕中国近代思想的主题、流派、特点、发展线索这些问题，展开系统、深入的探讨，是一次具有探索意义的思想开掘和发现。

作者介绍

　　欧阳哲生，北京大学历史学系教授、博士生导师。获国务院颁发政府特殊津贴、教育部"长江学者"特聘教授。主要从事中国近现代思想史、中西文化交流史研究。著作有《自由主义之累——胡适思想之现代阐释》《严复评传》《二十世纪中国文化》《科学与政治——丁文江研究》《探寻胡适的精神世界》·《五四运动的历史诠释》《傅斯年一生志业研究》《古代北京与西方文明》《胡适的北京情缘——一个新文化人的日常生活史》等。编著有《胡适文集》（12册）、《傅斯年文集》（7卷）、《丁文江文集》（7卷）、《新文化运动》（7册）等。

　　这里所讨论的"中国近代"，是指从1840年到1949年中华人民共和国成立这段历史时期。其社会形态是半殖民地、半封建社会。近代中国经历了严重的民族危机和前所未有的社会变革，同时产生了深刻的思想变革。在中国历史上，有两个历史时期产生了具有历史转折意义的思想：一个是春秋战国时期。德国哲学家雅斯贝尔斯在《论历史的起源与目标》一书中，将公元前800年—前200年这一时期界定为人类历史的"轴心时代"，世界四大文明区域分别诞生了自己最伟大的思想家，他们影响深远、光照千秋。两河流域出现了伊斯兰教的创建者穆罕默德，印度出现了佛陀释迦牟尼，中国诞生了老子、孔子，希腊产生了苏格拉底、柏拉图。另一个是近代中国。这两个历史时期的共同点是：产生了众多的思想学说，它们相互争鸣；这些思想酝酿着新的变革，成为建构新的社会形态的前奏曲。其不同点是前者是内变，它是中国历史自身内部演变的结果；后者是外部冲击的产物，是西方资本主义强烈冲击中国所产生的巨变。

　　"思想史"在英文中有History of thought、 History of ideas、Intellectual history可对应。美国著名汉学家史华兹在《古代中国的思想世界》一书中表示倾向于用 History of thought。这三个词的区别如下：history of thought（思想史）的语义边界相对不确定，它可以包含认知、推理、意向性、想象力、情感以及不能够在计算机上轻易编程模拟的意识生活的许多其他方面的内容。此外，它还有其他一些模糊的含义，既可以指思维过程（process of thinking），也可能指诸如观念（ideas）、心态（mentalities）或内在态度（inner attitudes）之类固定化的思想"产品"。 History of ideas是"观念史"。 Intellectual history是"知性思想史"。史氏明确表示他在该书中"主要处理的不是全体人民匿名的'心态'（mentalities），而是其思想已记载于文本之中的少数人的深刻思考。这项事业看来不仅是不合时宜的，甚至还有可能被人认为是精英主义的"。换句话说，他主要处理的是"高层"文化典籍的思想，也就是精英的思想。①

在中文世界，对"思想史"的研究范围认识并不一致。传统的"思想史"主要是指精英或思想发明家的历史。随着社会史研究在历史研究中的泛化，有的学者（以葛兆光为代表）主张研究"一般知识、思想与信仰的世界"和"近乎平均值的知识、思想与信仰"。②我个人还是倾向传统的意见。这里涉及对"思想"含义的理解，我概括"思想"具有五大特性：原创性、独特性、挑战性、超前性、原典性。③思想史中的"思想"不是一般性的、普遍的、既定的、过时的思想。思想史如果不保有"思想"的特性，那也就不成其为思想史了。因此，思想史研究的对象主要应是思想家的思想，更确切地说是研究思想发明家的思想。当然要研究思想家，必须研究他所处的时代和社会，这是他的思想产生的土壤；要研究思想家的内在思路，这就涉及思想与观念、思潮、意识形态之间的互动关系；要评估他的思想的社会作用，当然就需研究思想家们的社会影响。如果对思想史作过于宽泛的处理，甚至或者受社会史的影响，将其社会史化，这样写出来的思想史实际上是一部社会文化史或社会思潮史。所以，我眼中的"思想史"主要是以思想家组合的历史图景，它主要探讨前沿的思想、先驱者的思想、精英的思想，当然他们也是对历史的进步产生推动作用或巨大影响的思想。

---

①参见（美）本杰明·史华兹著，程钢、刘东译《古代中国的思想世界》，江苏人民出版社2004年版，第3、14页。

②参见葛兆光《中国思想史》第1卷，复旦大学出版社1998年版，第13页。

③参见欧阳哲生《作为一门学科的中国思想史研究》，载《现代中国》第八辑，北京大学出版社2007年版，第25—47页。

中国近代史是一个"不是死，就是生"的大时代，在这个历史阶段，有着丰富的思想资源，产生了许多颇有个性、富有见地，既具有世界视野又有历史深度的思想家，展现这些思想家的风姿，发掘具有现代意义的思想资源，对我们当今的思想建设和理论建构有着十分重要的历史意义和参考价值。

一、中国近代思想的主题

时代是思想之母。近代中国处于历史转型的变革时代，从经济形态来说，是从农业经济向工业经济过渡；从政治形态来说，是从君主专制向民主共和制转变；从文化形态来说，是从以经学为主干，儒、释、道并行的传统文化向新学为主、中西古今文化并存的格局演变。这是一次前所未有的社会形态过渡。近代中国的这种过渡性特征，决定了这个时代的三个特点：一是近代中国因外敌的逼压，开始了前所未有的社会转型。所以李鸿章哀叹遭遇到了三千年未有之大变局，也是这一时代的基本特点。近代中国发生的一系列变化与外部条件或外力冲击有着密切的关系，这样看，并不是"外因论"，而是近代中国这一特定历史阶段的现实情形。从传统的"华夷之辨"到承认近世西洋文明的优越性，从认同家国同构的天下体系到遵循"万国公法"的国际秩序，中国与世界的关系发生了根本性的变化。二是近代中国是一个大变革的时代。举凡政治、经济、文化都不得不变革，以适应世界大势。康有为所谓"观万国之势，能变则全，不变则亡；全变则强，小变则亡"[①]，表述的就是这种情形。三是社会变化的速度极快，变化的路线不再是帝国时代和传统社会那种循环式的、周期性的变化，而是跳跃式地向前发展。

---

① 康有为《上清帝第六书》，收入汤志钧编《康有为政论集》上册，中华书局1981年版，第211页。

中国近代的思想是从19世纪中期开始酝酿和产生的。大体来说，中国近代的思想是依寻两条途径产生的：一条是"推陈出新"，就是在传统的思想范畴、思想框架的基础上，提出一些具有时代意义的新的思想命题，康有为和"五四"时期的新儒家梁漱溟、马一浮、熊十力等人走的就是这条路。一条是"援西入中"，就是在传播介绍西方的思想观念时，提出一些本民族思想史上未曾表述，或没有充分展开的思想，严复、胡适走的是这条路。当然，这两条路子并不是绝对分开，这两类思想家也不是绝对分流。康有为吸收了西方的进化论、社会主义等外来思想；新儒家思想更是容纳了诸多西方的因素，牟宗三生前以自己独力译述康德的三部批判（即《纯粹理性批判》《实践理性批判》《判断力批判》）而笑傲于学林。严复翻译的西方八部名著，以中国先秦古文这种典雅的形式来包装，他的成名作《天演论》恭请桐城派代表吴汝纶作序，吴氏称他的《天演论》与周秦诸子的文章不相上下，严复的身价在学界因此大增。

19世纪中后期，中国受到了西方文明的严重冲击，中西方文明之间出现了紧张的冲突和交融，诞生于这一时代的思想家都受到这一变局的冲击和影响。鉴于这种情况，人们喜欢以中西古今来形容中国近代思想的成分和特点。中西文明的冲突和融合构成中国近代思想产生的背景和土壤。

身处近代中国的思想家无论处于何种立场，隶属哪一个社会团体，其努力的目标都是致力于中国的富强、中国的现代化。史华慈《寻求富强：严复与西方》一书揭示严复思想的主题是"寻求富强"，实际上这不仅是严复个人求索的主题，而且是整个近代中国的思想主题。为实现这一目标，他们殚思竭虑，思考、设计各种主张和方案，并由此展开各种思想和流派之争。因为致力于国家的强大，所以普遍具有浓厚的民族主义色彩。因为思考社会转型的诸种问题，所以关于现代性、现代化、革命、渐进等观念问题成为时代聚焦的思想之战。因为面对如何处理中西文化关系的问题，所以带来思想战线上的诸多矛盾和冲突，形成各种主义的争论。

二、中国近代思想的流派

关于中国近代以来的思想流派，人们习惯于根据西方的思想流派分法，一般将之分为三种类型或三大流派：保守主义、自由主义、社会主义或激进主义。这种分法最早大概来自台北时报出版公司1980年出版的一套《近代中国思想人物论》丛书，这套丛书计划收编《晚清思想》《民族主义》《自由主义》《社会主义》《保守主义》《科学主义》六种。[①]不言而喻，这是该套丛书的编者对中国近代思想流派的一种归类。这种分类法实际上最早来源于西方学者，特别是美国学者，如该套丛书中的《保守主义》选文，即取材于1976年在哈佛大学出版社出版、由傅乐诗主编的《有限的改变》，该书主要讨论了刘师培、章太炎、梅光迪、梁漱溟、熊十力等现代新儒家文化保守主义者。《自由主义》一册选收了史华慈、贾祖麟、黄崇智、戴维翰等美国学者或美籍华裔学者讨论严复、梁启超、蔡元培、胡适、钱端升、殷海光的论文。《社会主义》收录了萧公权、高慕柯、傅尚霖、郭成棠、张朋园、崔书琴、杨幼炯、陈福霖等人的论文，所论涉及康有为、梁启超、刘师复、孙中山、陈独秀、瞿秋白等人。美国学者不仅提供了这些流派的认定标准，而且对其代表人物也做了个案研究，他们的研究对港台学者有很大

①该套丛书的编者原计划以郭颖颐的《中国现代思想中的唯科学主义》（*Scientism in Chinese Thought*，1900—1950）一书的中译本为基础，编辑一本《科学主义》，但未见出书。参见周阳山、杨肃献《近代中国思想人物论》，收入萧公权等著《社会主义》（近代中国思想人物论），台北：时报文化出版事业有限公司1981年版，第9—10页。

的影响。以后这种分类法逐渐流传到大陆，被众多学者采用，成为今天流行的一种中国近代思想流派分类办法。我个人在《二十世纪中国文化》一书第三章《新文化流派的比较》中采用此法分析近代中国的文化流派①，也是受此影响的产物。今天重新来思考和检讨这一分类办法，我个人以为失之简单，且是否适合于中国近代思想的实际状况，也值得怀疑，至少现今缺乏足够的论证。在没有分类法时，也许它管用或有一定效用，但如推广使用，又会感到不宜。从时段来看，至少在1895年以前，近代意义上的中国近代思想流派并不成立。从领域来看，政治上与文化上的保守主义可能并不一致。一个文化上的保守主义者在政治上可能是一个自由主义者。在近代中国，我们很难找到一以贯之的思想家或思想流派，思想流派发展得不充分，或不成熟，是中国近代思想的一个特点。

1895年以前，中国思想界先有经世思潮或经世致用派，后有洋务思潮或作为其代表的早期维新派。在政治上、文化上，他们并没有突破传统的樊篱，只是主张在传统的体制内进行有限的改革、变法。与他们相对立的，约定俗成，现在一般均称之为顽固派。

戊戌维新时期，朝野出现维新派与顽固派之别，政治上有帝党、后党之争，他们围绕是否变法、如何改革开始出现一定的分歧和对立。维新派内部的思想主张殊为分歧，康有为可谓中国具有近代意义的文化保守主义第一人。在学术上，他宗奉今文经学；在政治上，他主张维新变法；在宗教上，他提出设立孔教。在政治、文化这两大领域，他多少显示了二元选择的倾向。谭嗣同开始显露激进改革的思想锋芒，但在政治思想上他还不能说是一个激进主义者。

20世纪初，在政治上有倾向共和制的革命派和保留帝制的君主

---

① 参见欧阳哲生《二十世纪中国文化》，北京大学出版社2010年版，第102—150页。

立宪派、保皇派之分。在文化上有以章太炎为代表的"国粹派"和以康有为为首的"孔教派"之别，两者虽在经学上形成古文经学与今文经学的截然对立，但都可归类于文化保守主义。严复翻译《群己权界论》，将西方的自由观念传输到中国，明确主张中国改革应走渐进之路，他是具有近代意识的第一人。

民国初年，在政治上有国民党、共和党、复辟党（内有袁世凯派、清朝遗老派）之分。在文化上主要围绕孔教问题，出现了新文化派与"孔教派"的斗争：新文化派具有较为浓厚的"西化"色彩，主张学习西方的科学、民主，反对一切宗教和专制；"孔教派"在思想上相对保守，在政治上或主张保留帝制，或要求"虚君共和"，或提倡"开明专制"。一般来说，在政治上，新文化派大都属国民党系或曾与革命派有着密切关系，而"孔教派"则与保皇党或立宪派有着历史上的联系。随着东西文化论争的进行，又出现了东方文化派和"西化"派的对立，斗争双方与其在政治上的立场并没有直接的、密切的关系。

"五四"以后出现的马克思主义、自由主义、三民主义、国家主义之间的斗争，主要是一种政治理念的矛盾。在文化上，主要是以胡适、陈序经为代表的"西化派"与以梁漱溟、冯友兰、熊十力等为代表的现代新儒家和革命文化派（内有共产党、国民党之分）之间的斗争。现代新儒家与以康有为为首的"孔教派"虽然同样宗奉儒学，都可归类为文化保守主义，但在组织上并无任何联系，在思想上也无继承关系。同样，马克思主义与无政府主义都属社会主义思想流派，二者却势同水火。马克思主义在与各种思潮、流派的斗争中，逐渐完善自己的理论形态，在各种思想流派中最为强势。

当然，并不是每一个思想家都可简单归类于某一流派。有的思想家早期可能是激进型的，而晚年则可能成为"保守派"的代表，民国初年的康有为、严复即为这方面的例证，出现这种情形有思想家本身的原因，也有时代的原因。时代风云变幻不定，思想家如果不愿随波逐流，或不能与时俱进，他与时代的主流就会拉开距离，如康有为、严复这些向西方寻求真理的先驱者到民国以后的走向。有的思想家在文化上可能是偏于保守的，而在政治上则是比较激进的，如章太炎。在清末民初，章太炎从反对清廷到反对袁世凯，始终未脱其革命派的本色，但在文化上他又不离其"国粹派"的立场，所以在新文化运动兴起后，他的学生钱玄同、周氏兄弟与他的思想观念逐渐不同。每一个思想家因时空的变化，其表现可能有很大不同，所以须具体情况具体分析。

西方近代思想有其自身的传承，思想流派的划分也有其相对特殊的格局。某些思想观念经过几代延传，发展成为一种传统，在此基础上逐渐形成思想流派。在中国近代思想史上，除了马克思主义、自由主义、现代新儒家自"五四"以后有着三代以上的传承，形成了自己的内在理路和思想传统，够得上思想流派的资格，其他思想理论常常是昙花一现，只能说是一种思想现象。思想的碎片化，这是近代中国思想界的实际状况，也是近代中国思想发展不够成熟的一个表现。

三、中国近代思想的特点

一个时代有一个时代的特色。中国近代思想与古代思想相比，有其不同的时代特点，它们反映了近代思想的新质。

一是民族性。由于受到外来列强侵略和压迫的刺激，各种思想都不同程度地带有民族主义的特性。

爱国主义带有较强的传统色彩。爱国当然可以指爱自己的国家、土地、人民、民族文化，也可指忠君。历史上，在君主与国家同体、奉行汉族本位的时代，忠君与爱国、爱国与大汉族主义情结往往联结在一起，屈原、岳飞、文天祥就是这种类型的民族英雄或爱国英雄。在中国历史上，爱国主义作为一种文化传统，曾经对于维系国家的稳定与安全，对于中央王朝的延续发挥了巨大的作用。近代意义上的民族主义与传统的爱国主义有着本质的区别，据胡适的概括，近代中国的民族主义有三个层面："最浅的是排外；其次是拥护本国固有文化；最高又最艰难的是努力建设一个民族的国家。因为最后一步是最艰难的，所以一切民族主义运动往往最容易先走上前面的两步。"①胡适所指民族主义这三种表现，排外可以义和团为代表，拥护本国固有文化是指以康有为为首的"孔教派"与以章太炎为代表的"国粹派"，建设民族国家则以孙中山和新文化运动的思想解放为代表。我之所以在此使用"民族主义"而不使用爱国主义，主要是因为近代意义的民族主义是以追求民族国家为目标，而与传统的"忠君"观念彻底决裂。

其实，近代中国的民族主义有比胡适所论更为复杂的表现。有文化上的民族主义，有种族上的民族主义，还有政治上的民族主义。近代意义上的民族主义与"忠君""爱国"并不一定发生关联，虽然在晚清有些思想家仍然是保皇党（如康有为），但他们之"保皇"也与一种政治理念即"君主立宪"联系在一起，并不完全是无条件地"忠君""保皇"。近代中国的民族主义者常常是与"忠君"式的爱国理念背道而驰。反清革命思想家的反清排满，民国时期的自由主义者执着个人解放和人格独立等，都可从近代民族主义这个角度来解释，但如以传统的爱国主义这一视角来理解，则不免排斥甚至贬责他们，有泛意识形态化处理之嫌。

二是政治性。由于对话语权力的追逐和争夺，各种思想都与现实政治有相当密切的关系，往往随着政治的变动而变动。

---

① 胡适《个人自由与社会进步》，原载1935年5月12日《独立评论》第150期。收入《胡适文集》第11册，第587页。

政治是近代中国的中心，它压倒一切、吸引一切。生活在近代中国的思想家很难摆脱政治的纠葛。陈独秀对此有深刻的体验，他在《谈政治》一文中如是说："可以表明我对于政治的态度，一方面固然不以绝口不谈政治为然，一方面也不愿意和一班拿行政或做官弄钱当作政治的先生们谈政治。换句话说，就是：你谈政治也罢，不谈政治也罢，除非逃在深山人迹绝对不到的地方，政治总会寻着你的；但我们要认真了解政治的价值是什么，绝不是争权夺利的勾当可以冒牌的。"①思想家是如此，思想论战也是如此。许多思想论战都直接、间接与政治发生关系，或有其政治背景。

冯友兰先生在《中国哲学史新编》第六册《自序》中说："这个时代是中国历史的第二次大转变，这个转变比第一次大转变更剧烈，更迅速，范围也更广大，这是一次东西文化全面斗争，其范围牵涉到每一个中国人的生活和思想，其结果关系到中华民族的生死存亡。所以在这个时候，几乎每一个中国人都不得不思考这个问题，参加这个斗争。每一个大思想家同时也是一个政治社会活动家，他们都是一派政治社会活动的领袖，他们的思想和活动就是这个时代思潮的中心。要想在他们的思想和行动之外另找一个纯哲学的中心问题，那是不现实的，也是不可能的。"因此，"这一册《新编》看起来好像是一部政治社会思想史，这种情况是有的，但这不是由于我的作风改变，而是由于时代不同了。"②生活在近代中国的思想家离不开政治，叙述中国近代思想的"史"自然也带有浓厚的政治色彩。

三是开放性。由于受到外来思想输入的影响，各种思想都具有容纳中西古今的特性。人们喜欢以中西古今来形容中国近代思想的成分和特点。

---

① 陈独秀《谈政治》，载1920年9月1日《新青年》第八卷第一号。
② 冯友兰《中国哲学史新编》第六册《自序》。

　　近代中国打破了传统的封闭状态，不自觉地进入一个新的开放世界。在这种情境里，思想家们思考问题都必须具备世界意识、世界视野。思想家们的知识结构随之也逐渐发生变化，从传统的适用科举考试的那套知识系统，转变到面向世界、认识西方，这就需要向西方学习，学习新学，吸收西学。从19世纪中期以后，中国陆续向欧美派出留学生，或让学生进入教会学校读书，通过这些途径吸收外来知识，改变自己的知识结构。学生即使不能留学或进入教会学校，也要到香港和沿海通商口岸游历或求学，拓展自己的视野。这也就是近代思想家产生的区域不外在长江三角洲、珠江三角洲或通商口岸，新思想往往在有留学经验的知识分子中产生的缘由。毛泽东论及近代中国思想的情形时说："自从一八四○年鸦片战争失败那时起，先进的中国人，经过千辛万苦，向西方国家寻找真理。洪秀全、康有为、严复和孙中山，代表了在中国共产党出世以前向西方寻找真理的一派人物。"①他这里列举的洪秀全、康有为、严复、孙中山四位代表，都是诞生在珠江流域，可见这里得风气之先。文化地理的重心南移，人才分布也相应发生了变化。

　　近代思想的开放性特点，决定了中国近代思想的世界视野，世界各种思想潮流、思想流派、思想理论被纳入中国近代思想体系中来。中国近代思想充满了外来思想元素，中国成了外来思想的竞技场和实验基地，研究中外思想的冲突、交流和融合，成为中国近代思想史的主要任务之一。

　　四是致用性。由于致力于改革现实社会，各种思想都具有强烈的功利色彩、实用色彩。

　　中国近代思想从最初的"经世致用"思潮开始，就致力于对改革现实有所作为，这样一种传统一直延续和影响到后来的思想家、

――――――――――

① 毛泽东《论人民民主专政》，收入《毛泽东选集》第四卷，人民出版社1968年版，第1358页。

思想流派，很少有思想家不顾现实，进行所谓形而上的纯理论建构。几乎所有的思想家都谋求在现实社会政治生活中赢得自己的一席之地。

近代中国思想的"经世致用"传统，与传统的"实用理性"影响有一定关系。李泽厚曾这样谈及传统的"实用理性"："先秦各家为寻求当时社会大变动的前景出路而授徒立说，使得从商周巫史文化解放出来的理性，没有走向闲暇从容的抽象思辨之路（如希腊），也没有沉入厌弃人世的追求解脱之途（如印度），而是执着人间世道的实用探求。""中国实用理性主要与中国四大实用文化即兵、农、医、艺有密切联系。""历史意识的发达是中国实用理性的重要内容和特征。"①

中国近代社会严重的内忧外患，迫使思想家们不得不承担起"天下兴亡，匹夫有责"的社会责任。实际上，他们的思想灵感，他们对各种思想问题所产生的焦虑，都与他们内在的社会责任感和强烈的使命感有着密不可分的关系。

四、中国近代思想史的演变

如何对中国近代思想作历史分期？学术界对上起下限的分歧并不大。传统的分期法主要有两派意见：一派是以石峻、任继愈、朱伯崑编著的《中国近代思想史讲授提纲》（人民出版社1955年版）为代表，他们认为"近代中国社会产生的新经济、新阶级和新的政治力量，是中国近代思想发生和发展的物质基础"。他们将中国近代思想史与中国近代社会的发展密切联系在一起。将中国近代思想的发展分为鸦片战争时期"地主阶级社会改革思想和人民革命思想的兴起""太平天国的革命思想""资产阶级性的改良主义思

---

①李泽厚《中国古代思想史论》，人民出版社1985年版，第304、305页。

想""资产阶级和资产阶级革命思想的发展""资产阶级小资产阶级革命思想的分化"和"马克思主义在中国的传播"这六阶段。[①]王永康的《简明中国近代思想史》（湖南人民出版社1986年版）、李华兴的《中国近代思想史》（浙江人民出版社1988年版）基本上也是沿用这一观点。

另一派是以侯外庐主编的《中国近代哲学史》（人民出版社1978年版）和《中国思想史纲》（中国青年出版社1981年版，其中下册部分涉及中国近代思想史）为代表。《中国近代哲学史》一书的一个重要特点，是将中国近代哲学史的发展与近代社会思潮的演进关联在一起，以近代社会思潮的演变为其线索，从鸦片战争时期的地主阶级改革思潮，到19世纪60年代至90年代初的早期改良主义思潮；从戊戌变法时期的维新思潮，到辛亥革命时期资产阶级民主革命思潮；最后到新文化运动时期马克思列宁主义在中国的传播，中国近代哲学随着社会思潮的演进而向前发展。《中国思想史纲》的近代部分共六章，分别论述：鸦片战争时期的社会思潮、洪秀全和太平天国革命思想与封建反动思想的对立、19世纪60年代至90年代初的社会思潮、戊戌变法时期的社会思潮、辛亥革命前的资产阶级民主主义思潮、"五四"时期的民主科学思潮和激进民主主义者的思想。这种叙事方式对新时期中国近代社会思潮研究有很大影响，几成为中国近代社会思潮史的模式。80年代以后，随着研究中国近代社会思潮的蔚然成风，人们喜用经世思潮、洋务思潮、戊戌思潮、辛亥思潮、新文化运动启蒙思潮这五大思潮作为中国近代思想前八十年阶段性划分的依据。这种做法几乎在90年代以后的各种近代思想史或近代思潮史研究著作中普遍使用。

此外，郭湛波在其《近五十年中国思想史》（北平人文书店

[①]参见石峻等《中国近代思想史讲授提纲》，人民出版社1955年版，第13、15—17页。

1936年版）一书中以反传统思想的发展为线索，将中国近代思想史分为三个阶段：一、1840年鸦片战争至1894年甲午战争爆发。这个时期以太平天国为代表，出现了反对中国传统的思想，"西方的文化，虽相继输入，但新的思想，终无由发生、形成。所以我们讲中国近代史，应自'鸦片战争'始，讲中国近代思想史应自'甲午中日之战'始"。二、1894年甲午战争爆发至1928年北伐成功。这一阶段是中国近代思想史的"黄金时代"，其特点是"对于中国传统思想破坏最为激烈，几至扫荡殆尽"。三、1928年至1949年。这一阶段的特征"是不只反中国传统的思想，而来自欧美的思想，一样要批评反对"。郭著《近五十年中国思想史》从严复、康有为谈起，其讨论范围只限于第二、三阶段。郭氏的观点少见人采用。

我个人对中国近代思想史的分期，倾向以思想（或观念）、思潮、观念形态（或意识形态）三者的互动关系为依据来划分，由此可分为三个阶段。

第一阶段（1840—1895年），从魏源提出"师夷长技以制夷"，到"中体西用"模式的确立，这是中国近代思想的酝酿时期。

中国近代社会的性质是半殖民地、半封建社会。这种社会性质的变化是与外敌的入侵和西方的冲击密切相连的。伴随外来因素的渗入，中国社会才开始渐次出现新的质变，这是中国近代社会的一个特征。这样说并不是"外因决定论"，而是对中国近代历史的根本性变化的现实承认。当然，虽有外来因素的强大干扰，但中国社会内部的变化也颇为有限，或者变化较为缓慢，这说明中国传统社会惰性力量的强大，这是问题的另一面。面对西方殖民者的入侵，中国传统士人只能依据"经世致用"的观点来解读，做出应对危机的反应，中国近代最初的一二十年没有多大变化即是这一原因，这说明步入中国近代社会后思想界滞后的一面。郭湛波所说的，讲中国近代史，应自"鸦片战争"始，讲中国近代思想史应自"甲午中日之战"始，其说不无道理。

从鸦片战争前后的道光年间到19世纪50年代，尽管有鸦片战争战败的挫辱，清朝统治者和士林风气并未受到根本性的震撼，因循守旧之风仍主导整个社会。在这种背景下，个别敏感的士人捕捉到时局变化的某些新信息，提出"变法"主张，酝酿一股经世致用思潮，产生了以龚自珍、林则徐、魏源为代表的经世致用派。在思维方式上，他们基本上是继承传统的今文经学，但在应对危局的政策上，他们提出一些不同旧法的"良策"，魏源甚至率先提出"师夷长技以制夷"。

太平天国运动和第二次鸦片战争打破了长期笼罩在士林的沉寂局面。19世纪70年代到甲午战争以前，以曾国藩、李鸿章、左宗棠为代表的洋务派开展一场引进西方军事、工业的洋务运动，给中国社会带来诸多新的变化以及在物质层面的现代化因素。与此同时，中国思想界出现了以冯桂芬、薛福成、马建忠、何启、胡礼垣、郑观应等为代表的早期维新派，他们的思想主张可以"中体西用"来概述。张之洞在《劝学篇》中明确认可"中体西用"，表明清朝统治者对这一处理中西关系模式的承认。以体用观处理中西关系，这种思维模式实质上也是一种传统的思维模式，只是在这种思维模式中容纳了比"华夷之辨"更多的外来的新因素，给"西用"留下了生存的空间，这就有了新的转机可能。

第二阶段（1895—1927年），从甲午战争后严复宣传进化论，到南京国民政府成立，确立以三民主义为新的意识形态。这是中国近代思想真正开始逐步摆脱传统的束缚，产生具有近代意义的新思想的历史时期。

与前一阶段比较缓慢的变化不同，这一阶段变化急剧，思想界的新陈代谢加速，出现了一波又一波新的思想浪潮：维新思潮——革命思潮——新文化启蒙思潮——马克思主义思潮。这是中国近代变化最为急剧、也是中国近代思想最为活跃的一段时期，用郭湛波的话说，这是中国近代思想史的"黄金时期"。随着南京国民政府的建立和中国大部分区域对南京国民政府的归顺，三民主义借助国民党政权的力量，开始在教育、文化领域取得统治地位。

甲午战争的战败和《马关条约》的签订，给整个中国社会造成前所未有的冲击。强烈的耻辱感促成一股要求革新自强、变法图存的思潮——维新思潮。维新思潮以康有为、梁启超、谭嗣同、严复为代表，在维新思潮的推动下，清朝出现了短暂的"戊戌变法"。在戊戌变法中，康、梁、谭这些出自本土的维新派占主导地位，有"西方经验"的严复虽有影响但不是运动的主流。前者人多势众、声势浩大、言论激烈，但思维方式却相对保守、传统；后者对西方世界有亲身的体验，但有这样经历的人在当时毕竟极少。严复在《与〈外交报〉主人书》中对"中体西用"有过严厉的批评："体用者，即一物而言之也。有牛之体，则有负重之用；有马之体，则有致远之用。未闻以牛为体，以马为用者也。中西学之为异也，如其种人之面目然，不可强谓似也。故中学有中学之体用，西学有西学之体用，分之则并立，合之则两亡。议者必欲合之而以为一物。且一体而一用之，斯其文义违舛，固已名之不可言矣，乌望言之而可行乎？"[①]明确表达他对"中体西用"模式的批驳。

慈禧太后的反扑虽然使戊戌变法归于流产，但维新思潮却不可阻挡，已蔚然成为一股潮流，奔腾向前。八国联军的侵华战争和《辛丑条约》的签订，加深了民族危机，半殖民地的格局基本形成。受此刺激，出现了以孙中山、黄兴、蔡元培、章太炎、陈天华、邹容等为代表的革命派，他们以追求共和、推翻清廷为目标。革命思潮主要由在海外留学的青年学生组成，这与曾以本土士绅为主的维新思潮迥然不同。革命思潮从海外逐渐传播到国内，颇具

①王栻主编《严复集》第3册，中华书局1986年版，第558—559页。

影响。之所以如此，这一方面得归咎于清朝，《辛丑条约》签订后，慈禧太后推行"量中华之物力，结与国之欢心"的政策，将清朝卖国自保的洋奴心态暴露无遗，原来清廷给革命派人士往往扣上"媚外"、通敌的罪名，现在清廷自己才是真正的"洋奴"；一方面是人们对日渐衰颓、弱化的清廷可能进行的改革逐渐失去信心和耐心。1908年是清朝政局发生变化关键性的一年，这一年光绪帝、慈禧太后先后死去，袁世凯被罢官回家，清朝失去了原有的政治重心，保皇派亦失去理据，政治天平迅速倾斜，人们纷纷转向革命，寄希望于建立民主共和制。

与革命派同时并存的有立宪派。立宪派有以康有为、梁启超为代表的海外派和以张謇等为代表的国内派。他们与清廷的关系相对复杂，既有合作的一面，或有条件合作的一面，也有矛盾和要求改革的一面。他们与革命派分道扬镳。但1911年清朝"皇族内阁"的成立和对四川保路运动的镇压，将立宪派推向了革命的一边。辛亥革命推翻帝制是革命派的武力抗争与立宪派的抛弃清廷合力或联手的结果。

民国初年，中国政治围绕共和或立宪继续有所争论。旧的政治、文化势力借助袁世凯的保护，一度活跃。受此刺激，中国思想界出现以蔡元培、陈独秀、李大钊、胡适、周氏兄弟、钱玄同等为代表的新文化启蒙派，他们以北京大学为中心，以《新青年》为核心阵地，掀起了一场新文化运动，主张学习西方的"民主"和"科学"。随着袁世凯的倒台、毙命，随着张勋复辟帝制闹剧的收场，旧的政治、文化势力逐渐弱化，康有为、严复等老一辈思想先驱淡出历史舞台，新文化运动成为一股不可遏制的思想潮流。随着"五四"前后的东西文化论争和1923年的"科学与人生观"论争，中国思想界形成新的格局：主张有条件地传承儒家文化为主的东方文化派或文化保守主义和主张肯定西方精神文化的"西化派"分立山头，形成新的思想对峙局面。

"五四运动"以后，新文化运动内部出现新的分化，马克思主义思潮开始兴起，1921年中国共产党成立，共产主义运动作为一股新的政治力量出现在中国政治舞台上。

第三阶段（1928—1949年），从人权论战、社会性质论战、30年代中期的东西文化论战到马克思主义意识形态的建立。这是中国思想界出现深度分化的一个历史时期。

国民党的三民主义虽然占有统治地位，但它不过是一个弱势的意识形态，始终没能真正使其他主义、思潮归顺。蒋介石在《中国之命运》中对三民主义以外的其他思潮（主要是共产主义和自由主义）的批判，反映了这一情形。由于对中国政治、文化前途的深刻分歧，在这一时期，出现了以梁漱溟、冯友兰、马一浮、熊十力、张君劢为代表的文化保守主义，以胡适、罗隆基为代表的自由主义，以瞿秋白、王明、毛泽东为代表的马克思主义。随着中华人民共和国的成立，马克思主义获得正统地位，其他各种思潮逐渐归于一统。

五、中国近代思想的遗产

近代中国给我们留下了什么思想遗产？我们该怎样清理和继承这些思想遗产？这是我在研究中国近代思想史时遇到的两个问题。

中国近代思想与古代思想有着根本的区别。传统儒学是以四书五经（或十三经）为经籍，以修身齐家治国平天下为思想路线，以三纲五常、四维八德为价值体系。近代中国处于从传统向现代转型的过渡期，它的思想主题是探寻国家富强，如何促使中国现代化。甲午战争以后，进化论经严复的译介传入中国，中国士人的内在世界开始发生革命性的变化，"天演论"作为一个隐喻，启示着人们适应时代的变革潮流，求变、维新、变法成为思想的主流。20世纪初，清廷宣布新政，废除科举，新式学堂大量涌现，大批青年学生奔赴东瀛留学，中国教育体制的去旧迎新趋势基本奠定。民国初年新文化运动兴起，"五四"以后走向主义建构的时代，"主义"关注的是个人、社会、国家之间的关系，以不同文明之间的对话为主轴，社会、文明（文化）、国家、民族、阶级成为人们认识世界新的关键词，民主、自由、科学、解放、革命这些新概念、新名词由于符合新文化的气质而被高频使用。20年代至30年代，中国思想界逐渐形成三民主义、自由主义、国家主义、文化传统主义、马克思主义等不同主义，中国思想界形成新的场域。因此，近代中国思想所阐述的主题，所使用的范畴，所构建的话语体系与古代思想可以说大相径庭。

研究中国近代思想史的基本路径主要可分为三条：以思想家为对象，以社会思潮为对象，以观念（概念）演变为对象。由于人是思想的主体，研究思想者（家）是中国近代思想史的原初状态和基本常态。与此相适应，中国近代思想文献的整理主要是以思想家文献为主。实际上，文献整理与思想研究是相辅相成的。对思想家的处理主要是对其思想的前因后果、内源外延、合理内核、思想个性、外在影响、历史定位做出精准的描述，以达"述学"之目的。从某种意义上说，论定思想家如给人画像，最重要的是像他本人，从形态到神态都要画若其人。

近代思潮五光十色、流光溢彩，但近代思潮发展得并不充分，真正从思潮演变到流派，进而形成一种思想传统的，可以说屈指可数。近代思想流派后继有人承传的，只有马克思主义、三民主义、自由主义、现代新儒家这几家，大多数思潮似乎尚未形成流派就归于沉寂。因此，研究近代思潮、流派，对其作确定性的把握和定位并不容易。多数思潮、流派稍纵即逝、昙花一现。研究思潮更能看出思想与社会的互动关系，思想家的主张如不能发展成为思潮，只是停留在个人的精神世界里，就没有影响力可言。涓涓细流如能汇聚成一股巨流，掀起社会的大浪，汹涌澎湃，就能对社会产生巨大的能动作用。近代思潮与思想流派往往与政治结合在一起，谋求在政治舞台上占有一席之地，因此其升降沉浮也与其政治命运联系在一起，这给我们的研究多少增添了几分困难。

近代中国外来的新观念、新名词、新术语、新概念层出不穷。很多词汇虽古已有之，但到了近代，其含义转换，已完全不同于古义。西方思想史界出版过两部这方面的工具书。西方学术界对观念史的处理已形成一套比较成熟的技术、方法。相对而言，中文世界的观念史研究可以说还在发展中，最近十年来才零星可见这方面的一些学术性成果，[①]观念史文献材料的整理仍然甚少，现有的研究主要依赖于各种数据库，文献基础比较薄弱，观念史研究尚存较大的发掘空间。

中国近代思想给我们留下了丰富的遗产。在近代，由于人们对中国传统与现代的关系、中国与世界的关系、改革与继承的关系等问题有不同的思考，形成不同的思路，因而产生了各种思想流派与主义之争。从论争的思想规模来看，近代的思想流派之争相较春秋战国时期的诸子百家之争，其规模要大得多，复杂程度也要高得多。尽管后来有些思想流派逐渐归于寂灭，但其思想蕴含的合理性仍值得我们去体味。我个人觉得，对近代思想家或思想流派的价值不能简单地以其政治地位或政治作用来评判，尽管政治是近代中国的核心，有些思想因为在政治上失势而归于消沉，但并不意味着其存在的合理性的丧失。对其思想价值，我们应该给予必要的尊重。

---

① 近年来，有关中国近代观念史研究代表性的成果有：金观涛、刘青峰《观念史研究：中国现代重要政治术语的形成》，法律出版社2009年版。方维规《概念的历史分量：近代中国思想的概念史研究》，北京大学出版社2019年版。

对于文化传统主义亦应如此。与此同时，我们还要注意一种现象，即在给某位思想家贴上一个标签以后，就忽略他的其他思想属性，从而将他作单一化的处理。这些在近三十年的中国近代思想史研究中已经得到诸多论者的认可。

具体来说，中国近代思想给我们留下了三个方面值得珍视的重要遗产：

一、近代中国的思想家重视传统，批判旧学，对本民族的历史文化给予深刻反省。他们或以"中体西用"的模式保存中学，或以"国粹"的样态保守国学，或以"国故"的方式处理固有的学术文化，或以旧文化的态度对待传统文化，他们对中国历史文化的处理留下了正反两方面的经验教训。在传统文化渐行渐远、历史资源越来越稀薄的当下，我们越来越珍视本民族的历史文化资源，近人对这一问题的思考值得我们借鉴和反思。

二、近代中国的基本趋向是走向世界，向西方学习。从魏源提出"师夷长技以制夷"，主要是在军事上师法西方列强的长技如"战舰、火器、养兵练兵之法"；到洋务运动，致力于"自强求富"，仿效西方的工业化运动；从维新运动、实施新政、效法日本和俄国的君主立宪，到辛亥革命以推翻君主专制、追求美国的共和政体为目标；从新文化运动认定的西方近代化精髓在于民主、科学，到胡适等自由派提出"充分的世界化"或"一心一意的现代化"，我们可以看出，近代思想家对西方的认识、对现代化的理解逐步走向深入，他们对中西关系的把握也越来越成熟，他们的思想成长过程值得我们省思。

三、近代中国充满了对未来世界的憧憬和想象，产生了像康有为的《大同书》、孙中山的"三民主义"、毛泽东的"新民主主义"等这样对新社会的理论建构和宏伟构想，为时代的进步勾画了一幅幅新的蓝图。他们对未来社会的设想逐渐由乌托邦式的空想，发展到脚踏实地的合乎科学的社会主义理想，近代中国一步一步走向光明，最终迎来了新中国的诞生。梳理近代中国的思想旅程和社会理想，对于我们推动21世纪中国社会朝着更为美好的方向发展，对于我们建设人类命运共同体，建立费孝通先生倡导的"各美其美，美人之美，美美与共，天下大同"的人类世界新秩序有着重要的启示。

　　近代中国是一座拥有丰富思想资源的宝藏。对于这座宝藏，我们要像开掘矿藏那样，本着合理发掘、保护利用、充分消化的原则，去粗取精，去伪存真，加以继承和发扬。具体如何处理？我相信这仍是一个言人人殊、莫衷一是的问题。解决问题的途径，自然有赖于中国近代思想史研究的创新，而学术创新除了依赖学者的勤奋工作和拓宽视野外，更需要学术界形成互相争鸣、宽松包容的氛围。中国近代思想史研究虽贴近现实，毕竟又还是历史，历史情怀与现实关怀的统一是我们拓展中国近代思想史研究的未来应有的胸襟。

中国传统艺术的人文价值

北京大学美学与美育研究中心　朱良志

【内容提要】

中国传统艺术有很高的人文价值。我们今天重视传统艺术，研究传统艺术，不仅是为了证明中华传统艺术的辉煌灿烂，继承它的创造方式，更重要的还在于汲取其中丰富的精神营养。传统艺术是中国人精神生活的记录，包含着中国人感受世界、创造美好人生的独特智慧，这种智慧在今天的文化和精神生活中仍然有很高价值。

作者介绍

　　朱良志，北京大学博雅讲席教授、北京大学美学与美育研究中心主任，中华美学会副会长。主要从事中国哲学与艺术关系的研究，出版有《曲院风荷：中国艺术论十讲》《南画十六观》《中国艺术的生命精神》《中国美学十五讲》《真水无香》等著作。曾获教育部人文社科研究哲学类一等奖、中国政府出版奖、中华优秀出版物奖、中国美术奖、中国文联研究著作类特等奖。

中国传统艺术有很高的人文价值。我们今天重视传统艺术，研究传统艺术，不仅是为了证明中国传统艺术的辉煌灿烂，继承它的创造方式，更重要的还在于汲取其中丰富的精神营养。传统艺术是中国人精神生活的记录，包含着中国人感受世界、创造美好人生的独特智慧，这种智慧在今天的文化和精神生活中仍然有很高价值。

这里我以中国传统绘画为例，从几个问题入手来谈一些体会。

一、活泼的趣味

中国的艺术充满了活趣，那种鸢飞鱼跃的精神非常感人。中国的园林讲究生机勃勃，所谓"天地之大德曰生""生生之谓易"。要追求形神兼备、气韵流荡，要有活泼的韵致。中国的艺术是要人加入这个世界，去感受这种活力，所谓"流水淡然去，孤舟随意还"的境界，并在这种氛围中，让人和世界相与往还。

1. 中国的假山与日本的枯山水

比较日本的枯山水和中国的假山，是一个很有趣的话题。枯山水是日本庭院的代表，假山是中国园林的代表。二者有同一个艺术思想源头，即都来自禅宗。枯山水是日本古代的僧侣到中国学习了禅宗思想，回国之后，为了表现禅宗的修行理念，在日本佛寺的庭院中修建的具有精神追求的空间。中国的假山虽然有更悠久的文化传统，但禅宗哲学也是其基本思想背景。

二者又是不一样的。假山是中国园林中的一个点景，是园林空间形态中的有机组成部分。在假山的周围，总是有花木相伴，有流水环绕，是一个灵动活泼的空间。在中国园林创造者看来，日本的枯山水似乎是未完成的作品。在这里，没有花木，没有绿色，甚至有的枯山水连苔痕也省略了，只是白沙和石头相结合的产物。枯山水往往先在平地铺上白沙，再将白沙刷出纹理，显出道道波痕，再放上由几块石头构成的"组石"来象征山岛。沙的细软和石的坚硬构成奇妙的关系，白色的沙滩和兀立的岛群，引领人们的思想飞出现实的时空。

在我看来，日本的枯山水妙在"寂"，中国的假山妙在"活"。枯山水和假山都不是真山水，枯山水是枯的，假山也是枯的。但中国人要在枯中见活，日本人要在枯中见寂。在中国艺术家看来，坚硬的石头中孕育着无限的生机；而在日本庭院艺术家看来，一片沙海，几块石头，就是一个寂寥的永恒。如果以唐代诗人韦应物"万物自生听，太空恒寂寥"两句诗比喻，中国的假山要创造一个"万物自生听"的世界，日本的枯山水则要创造一个"太空恒寂寥"的宇宙。

禅宗的"无一物中无尽藏"的哲学，成为日本枯山水创造的基本思想。白色的沙海，无色，无味，无任何生机，由一颗颗微小的沙粒汇聚而成。面前的景致，使人联想到宇宙和人生，恒河沙数，宇宙缅邈，人只是一粒尘土。生命体的有限和宇宙的无限构成强大的反差，不禁使人想逃离现实，遁入静思和冥想之中。在日本传统哲学看来，枯山水就是让你在其中冥想，在这世界的沙海面前静思，达到灵魂的修炼。

如果以禅宗术语表达的话，中国园林的哲学可以叫作"无风萝自动，不雾竹长昏"。这里也是一个静谧的空间，一个深幽的世界，枯石林立，古木参天，但它在宁静中有跃动，枯朽中有生机，一片假山就是一片生命的天地。中国园林的创造，就是对活力的体现，创造一个鸢飞鱼跃的世界。假山乃至中国艺术的枯木等，都是在几乎绝灭中，表现出盎然的生命活力。枯山水将人引出人间，引向广远的宇宙；而假山则是人间的，亲近的，葱翠的，活泼的，平

常的，自然的。（图1、图2）

图1　个园假山　　　　　　图2　留园冠云峰

日本的枯山水，是与沙子对话。

日本是个岛国，被白色的沙滩环绕，纯净的沙子成为日本人的最爱，这也影响到日本庭院的设计。在中国，沙漠是一个可以吞没绿洲的野兽，人们对它并不很亲近。所以假山中，多是与水对话。在日本古代庭院中，本来也是有水，有花，有葱翠的植物，但禅师渐渐将这些省略了，所以日本的枯山水是没有水的。在中国，水是园林的灵魂，中国的园林就是叠山理水的艺术。山无水不活，水无山不灵。山岛耸峙，清泉环绕，水随山流，山入水中。假山层层，风烟出入，云气蒸腾，淡月缠绻，生出种种妙境。

日本的枯山水追求空灵寂寥的境界。中国园林虽然也追求空灵，但日本的空灵，在中国人看来是空荡荡，而不是空灵。枯山水表现的是寂无一人、空无一物的世界，追求一种永恒；而中国园林的空灵，是在空中有灵动，瘦漏生奇，玲珑生巧，通透而活络。假山还是声与色的艺术，泉石激韵，落叶鸣琴，哪里是一个寂寥的世界，它分明就是带你到理想境界的扁舟。

日本的枯山水是让人思。银色的沙滩就是浩瀚的宇宙，微小的沙粒就是微不足道的存在。人在这"无一物"的世界中，在它的边缘，注视着它，只见得一片白色的世界在眼前延伸。人不可以走进这个世界，但它可以让你静坐静思。欣赏枯山水的方法是思，这些奇妙的沙石提供一个让人冥想的起点，一种理解宇宙永恒的方式。（图3、图4）

图3　日本枯山水之一景　　　　图4　日本枯山水之一式

中国的假山是一种可以让人融入进去的艺术世界，一片山水就是一幅心灵的图画，山水之好，在于可居可游。人们不是在它的外围观看它，而是融入其中。云无心以出岫，人无心而优游。一切理性活动都在排除之列，然后融入它的世界中，与万象相游。

2.亭子的气场

中国园林的亭子是定式，是园林中重要的设置，像拙政园的荷风四面亭。亭子是休息的地方，亭子也是气场中的一个点，人在亭子里面，看向亭外的远方，又把远方的景色拉到眼前，这就是舒卷自如，推挽自得，唯其胸中无一物，坐观天地得景全，所谓"江山无限景，都聚一亭中"。坐在亭子里，似乎坐在一个浮动着的气场之中，融入世界的洪流中，所以亭子总是设置在很重要的地方，它能给人呼吸，让人俯仰自如。中国人对这方面的哲学真是太痴迷了。金农有一幅画，画的是一个人睡在亭中，周围是清澈的河塘，荷风四起，万物皆备于我，浑然与天地一起，真是"消受白莲花世界，风来四面卧当中"。（图5）

图5　清　金农《杂画册》之三

倪瓒晚年的作品《容膝斋图》（图6），现藏在台北故宫博物院，应该是倪瓒传世作品中的代表作。这幅画有极高的艺术水准，画面很简单，一座萧瑟的小亭，亭子旁边有一些石头和几棵枯树。亭子中间是一湾水，远方有山。一痕远山、一湾瘦水、一座寒亭、几棵枯木，构成了这幅画的主体。亭中空空如也，象征着人生的寄寓。人生如寄，在茫茫的天地之间，在浩瀚的历史长河当中，人所占有的空间是这样狭小，一座小亭子，一个容膝斋——只能容下两膝的居所，其实表现的是人的有限性，"一向年光有限身"，时光就是这么短暂，生命就是这样有限。

图6　元　倪瓒《容膝斋图》

人生是有限的，但是中国哲学告诉我们，当你超越这种有限，抹去有限和无限的界限，融入山水中，就会感觉到一个极大的世界，那是"灵光满大千，半在小楼里"。人内在的博大和充盈，不是知识的丰厚，也不是财富的累积，而是内心的灵静。"充实之谓美，充实而有光辉之谓大。"一个充实而圆融的人，他的生命中会有光，也会影响到他人，这种光芒也会照耀世界。因此，人的一切都是建立在自己内在的圆融中的。这是内在的一种超越，而不是外在的获取。

3. 看起来活泼和让世界活泼

中国的艺术中为什么会有那么多的深山老林、枯木寒林，有很多没有生命气息的存在呢？这是因为中国艺术的活泼不是外在的，而是内在的，这正是中国艺术的内在精神。佛教中讲"法固寂然"，最寂寞的地方就是最活泼的地方，就是要把心灵放飞出来，让它挣脱世间种种的束缚，还充满圆融的生命以自由。

中国艺术的寂寞境界中所表达的活泼，不是看起来"活"，而是让世界"活"。不是画出一个活的世界，那是物质的，而是通过寂寥境界的创造，荡去遮蔽，让世界自在活泼——虽然没有活泼的物质形式，但却显示出世界本来的面貌，因此它是活的。"活"的根本含义是，让世界自在自由地存在，我们常说的青山自青山、白云自白云，就是这种"活"。

寂寞的艺术世界，几乎没有任何活力，甚至缺乏生命感，有一种强烈的"无生感"，就像"千山鸟飞绝，万径人踪灭，孤舟蓑笠翁，独钓寒江雪"那首诗里所表现的，无边的远山没有动静，连鸟似乎也飞"绝"了，没有人烟，路上"灭"了人的踪迹。诗人用"绝""灭"这样重的字眼，强化寂而无生的气氛。舟是"孤"的，没有一丝喧嚣；江是"寒"的，没有春色；雪卧在静默的大地，笼盖在无边的江面上，生机在这里被荡尽，剩下的或许只有冰面下的一股寒流。这首传诵千古的诗歌，所表达的艺术境界被无数画家、音乐家所演绎，原来表现的是近乎无生命感的世界。

中国艺术重视生命的呈现，体现了生生不息的哲学基础，自有一种生机盎然的风致。这也是中国传统艺术的一大特点。中国哲学和艺术观念中的生命精神在儒家哲学和易学的影响下，呈现出两个重要的方面：一是认为"天地之大德曰生"，万物都有生意，"万物之生意最可观"；二是在易学影响下，阴阳哲学成为中国生命哲学的基础，对中国艺术产生了深远的影响。如书法理论中强调疾涩互补、以"势"为核心；再如中国画的龙脉说，也受阴阳互补哲学的影响。

我在以前的研究中，将中国艺术好古拙、荒寒等的趣味都纳入这样的思想系统中。我认为中国艺术是在衰朽中隐含着活力，枯萎中隐含着生机，在生命的最低点追求最富于生命力的呈现。我所注意的是衰朽和活力之间的形式张力，也有其他论者曾触及此问题。如杜维明先生说："以禅宗的观点来看，艺术是自知和自证。艺术不应意味着停滞和死亡的静态结构，它只会是一种动态的，获得有序转化的'势'的过程。岩石、树木、群山、河川、云雾和飞禽走兽，它们都是作为生命力（气）的外形而存在于这个过程中。"但近年来的研究，使我越来越觉得这样的阐释并不切当。就以上所举倪瓒的画来说，他的龙脉何在，他的节奏在哪里？山不动，水不流，风不起，鸟不飞，云不飘，人不至，这个寂寥的宇宙，难道就是从形式上对活泼的檗栝？疏树上没有叶，难道就能使人想起叶？一湾瘦水，难道就能使人想起涟漪？这样的思路，正是落入见山是山的形式之中，没有理解他的"求之牝牡骊黄之外"的思想。他并非要在生命的最低点制造生命的张力，而是要发现一个意义世界。（图7）

他画中的枯树，不是在最低点暗示葱茏的绿意，而是在回避绿意；他的瘦水，不是在平静的水面掀起生命的波澜，而是回避波澜；他的空山，不是在一个空阔的形式中试图包蕴丰富的世界，而是回避喧嚣；他的空亭，不是要人联想到人在其中的场面，而是回避人间，给人以想象的空间。一句话，倪瓒乃至中国艺术创造的寂寞世界，并不追求形式的张力，而是意在超越色相世界，建立意义世界。

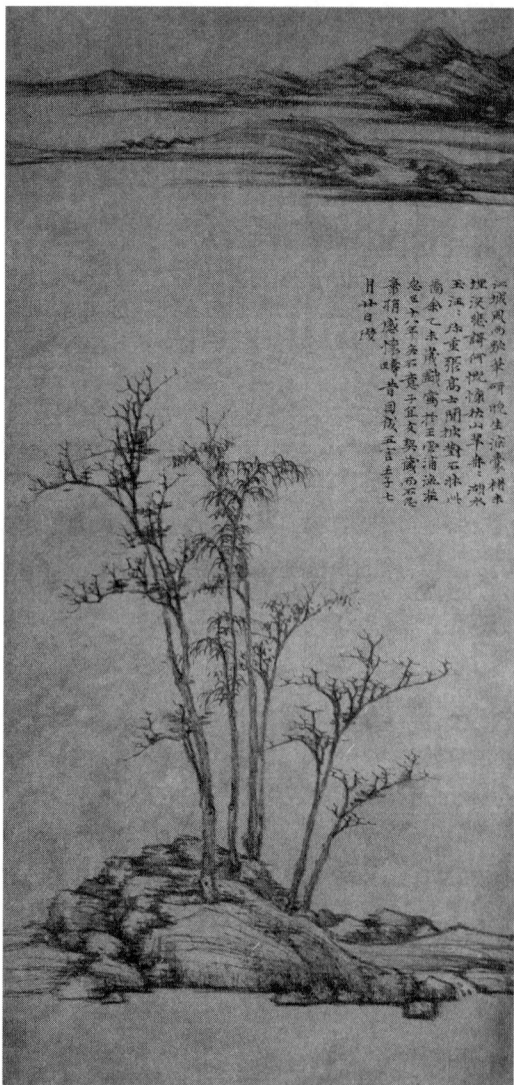

图7　元　倪瓒《渔庄秋霁图》

"看世界活"和"让世界活",反映了两种生命态度。前者从世界的"有"入手,承认外在的世界是真实存在的,承认人对世界的控制作用,强调世界的"活"是从"我"的观照中产生的,"看"的角度决定了我和世界的关系,可以说是一种"有我的生命观";而后者则是一种"无我的生命观"。按照禅宗哲学的观点,在"看"的方式中建立的我和世界的关系,是主体和客体、我心与外物的关系,在这样的态度中,我为物立法,我让世界活,人从世界的对岸回到世界中,而不是停留在色相上看世界,色相世界也不是引起我情感的对象。一个绚烂的世界变成一个淡然的世界,绿树变成了疏林,山花变形为怪石,潺潺的流水失去清幽的声响,屋舍俨然、人来人往的世界化为一座空亭,丹青让位于水墨,"牝牡骊黄"都隐去,盎然的活意变成了寂寥的空间。这时,"我让世界活"的"我"淡去了,解脱了捆缚世界的绳索,世界在我的"寂然"——我的意识的淡出中"活"了,或者说世界以"寂然"的面目"活"了。

二、归家的理想

1. 秋江待渡

待渡,是中国山水画中常见的题材。凭舟而渡,是古人主要的交通方式,尤其是在南方的水乡泽国。"落花寂寂啼山鸟,杨柳青青渡水人。"也是画家喜欢的内容。

元代画家钱选《秋江待渡图》(图8)是一件重要的作品。近景处画的一簇红树尤为耀眼,它从整个画面中突显出来,算是这幅画最重要的"点醒处"。从画面上看,原本这并非红树,应该是让晚霞映照出的颜色。但当我们联系到红树下独立的人,联系到这人的"久立",他似乎盼着离开这红树,离开这个狭窄的空间。同时，我们再联系一江相隔的此岸和彼岸，我们就知道，画家在这里显然别有寓意——他是以红树象征莽莽红尘，以人的等待象征性灵的腾迁，以待渡的过程象征人的精神期盼。行人目断东南山，这方位也有讲究，东南方有仙窟，那是神仙的世界。

图8　元　钱选《秋江待渡图》（局部）

渡，就是度。在外者为渡，渡河的渡；在内者为精神的度，度到一个理想的世界中。在佛教中，"度"字非常重要。佛教有六波罗蜜之说，一曰布施，二曰持戒，三曰忍辱，四曰精进，五曰禅定，六曰智慧，也就是六度。度，就是到彼岸。

南宗禅的《坛经》中，通篇都是讲人怎样达到摩诃般若波罗蜜。摩诃是大，般若是智慧，波罗蜜是度到彼岸，意思就是以大智慧度到彼岸。在佛门，入门的弟子要发四大宏愿，即"众生无边誓愿度""烦恼无尽誓愿断""法门无量誓愿学""佛道无上誓愿成"。第一就是度，不仅要度自己，更重要的是度众生。据说南宗禅的六祖惠能接受弘忍的衣钵，弘忍让他快快离开东山，并一直送他到九江。在九江渡口，二人上船，惠能说："我来渡（划船）。"弘忍说："还是我来渡你吧。"寓意师父要度他到彼岸。

其实，"度"不仅是度他人，也是度自己。"度"的愿望，就是赋予生命以意义，以力量。灵苇一片，渡出苦海。"谁谓河广，一苇杭之"——谁说黄河宽又宽，一只苇筏就可飞渡。《诗经》中的描绘充满了理想的企盼。禅宗《传灯录》中说，菩提达摩大师在一个漆黑的夜晚，从金陵北渡去少林，就是驾着一只苇叶渡过浩浩长江的。一只苇叶又怎能托起这高僧？这是多么浪漫的联想，它代表人理想的力量。

"度"到彼岸，是人永恒的愿望，当然这彼岸不一定是佛教的天国。人的生命短暂而脆弱，充满矛盾，因生活带来的种种烦恼，总在缠绕着人。人需要到彼岸，一个理想的地方，一个能安顿生命的场所，哪怕是短暂的、虚幻的，这样的期望其实是人人皆有的。人的期望也是提升性灵的重要动力和源泉。政治家有自己的理想国，商人有自己的理想市场，庄稼人有自己秋后的期待……每一个人，不论他是什么样的人，都有理想，有期待。生命就是一种期待，理想就是一场和性灵的约会。生命短暂，希望长久；人生灰暗，希望光明；人生如此喧嚣，希望得到宁静的空间……

画家将这样的精神期许放到夕阳下的空阔江面来表现，诗意的气息氤氲其中。久立的待渡人，悠悠地等待渡舟。悠远空阔的江面上，将人的期许放大、拉长。而最要命的是那彼岸世界的山林宅宇，被这位丹青高手染织得那样缥缈，那样宁静，在夕阳余晖的笼罩下，影影绰绰，是那样神奇而不可测。那里有无限的可能性，是一个渺不可及的世界，虽不能至，心向往之。画中所传达的精神与《诗经》中的"蒹葭苍苍，白露为霜，所谓伊人，在水一方"的期待，如出一辙。

此画还突出了"客心"，所谓客心茫茫愁欲断。待渡人，是因有欲归处，此处不是栖息地。寄于尘世，何人不是"寄儿"，都是这浩瀚宇宙的匆匆过客。这画中就蕴含着客中思家的浓浓深情。

赵子昂曾有诗赠钱选，其中有"鲁国万钧王月重，汉天一点客星孤"一句。浩渺夜空中的一颗星，虽然清光奕奕，却是一颗"客星"，一颗在无际河汉中孤独的星，一颗失去家园、永远在企盼着的星。

钱选的《烟江待渡图》多画了一个孤独的等待者，藏于台北故宫博物院。这幅画与北京故宫的《秋江待渡图》格调相近，可谓钱选"待渡"主题的姊妹篇，表现了客居者的眺望和等待。后有钱选自题云："山横一带接秋江，茅屋数间更漏长。渡口有舟呼未至，行人伫立到斜阳。"图中描绘的茅屋数间，在一片萧疏林木之下，衡门之中，一片阒然，夜色渐近，斜阳将要收起余晖。在这空空落落却平和静穆中，茅屋等待着他的晚归人。但人在何处？还在江的对岸，那个孤独的人，还在树下徘徊，渡船呼而未至，那人就在那儿等待。画中突出这漫长的等待，从正午到黄昏，从喧闹到阒然，一抹夕阳的余晖抚摩，似是一种安慰。

钱选的"待渡"之作，突出"客心"，突出客中思归的忧虑，突出浩渺苍天中的孤独，突出只有等待才能将息人生的执着。

人在路上，独在苍茫螺江上，身作孤云随风扬，这是就欲渡人而言；而就渡人者来说，嬝嬝秋风吹白波，犹有江头未归客。一客未渡，则舟不能停。舟不止，则欲渡者的希望才不会绝灭。即使是在萧瑟秋风下，即使是苍苍落日时，即使是水漫漫、路长长，只要有那欲渡者，摆渡的人又怎能停下手中的棹？有道是"浩然赋归去，利济吾当任"，而"利济"才是一个真正有品位的人的情怀。

2. 暮鸦、宾鸿

中国画家画乌鸦，多在暮色中；提及鸿鸟，多强调其"宾"的特性，一种永远在寻找归途的鸟。暮鸦、宾鸿中，包含着很微妙的用意，值得玩味。

恽南田的《古木寒鸦图》（图9），是藏于北京故宫博物院的十开山水花卉图册中的一开，为仿五代画家巨然的作品。巨然的原作未见，此图倒是体现出典型的南田格调。深秋季节，一个微不足道的角落，一些习以为常的景物，古树、枯藤、莎草、云墙和寒鸦，但在南田的处理下，却有独特的意味。图上南田题一诗："乌鹊将栖处，村烟欲上时。寒声何地起，风在最高枝。"日落村头，断鸿声里，晚霞渐去，寒风又起。地下，弱草披靡；树上，枯枝摇曳。画中的一切似乎都在寒风中摇摆，古木枯枝也没有一般所见的直立挺拔、森然搏人的样态。在画家的笔触下，树干蜿蜒如曲蛇，树枝披拂有柳意，再加上盘旋的藤蔓，若隐若现的云墙篱落，树下弯曲的小路，逶迤的皋地，远处缥缈的暮烟，婉曲的景致，像是曼妙的轻舞，又像是哀婉的衷曲，有一种神秘气息。画作对光影的处理尤其细腻。这幅画特别引人注意的，还有那一群暮鸦。晚来急风，在

图9 清 恽南田《古木寒鸦图》

晚霞中，一群远翥的乌鸦归来了。虽然风很急，天渐冷，虽然是枯木老树，但远飞的鸟毕竟回到了自己的家。

日将落未落，鸦将栖未栖，南田的这幅画在着意强调这种感觉。正所谓"落叶聚还散，寒鸦栖复惊"，有一种不可言传的美。将栖，怀抱一种回归的欲望；未栖，却有性灵的辗转和逡巡。虽有可栖之枝，但大树迎风，枝条披靡，并没有稳定的居处。画中似乎在强化这样的思想：人生哪有归处，天下哪有永远安宁的港湾。恽南田说："寂寞无可奈何之境，最宜入想。"恽南田的《古木寒鸦图》深染着这无可奈何的叹息。所谓欲得何曾得，欲归何曾归，栖而未栖，归而未归，只能暂行暂寄罢了。

漂泊，几乎是人类无法摆脱的宿命；回归，则是人类永恒的呼唤。"日暮乡关何处是，烟波江上使人愁。"这样的"乡关之恋"几乎在每一个人心中都曾有过。即使生活在现代的信息化社会中，人类的家园意识还是一样强烈。人只要在旅途中，就注定想要回归。

人类的家园有多种，有家乡，有国家，中国古人合称为家国之思。还有作为真性情的心灵家园，像庄子所说的"旧国旧都，望之畅然。虽使丘陵草木之缗，入之者十九，犹之畅然"，就是以外在的故园作比，来喻指内在的生命故园。在艺术家的笔下，这种种故园意识往往混同在一起，为我们理解这样的作品置下了广大的空间。

我们今天读几千年前的《诗经》，仍然不能自已。《召南·殷其雷》中写道："殷其雷，在南山之阳。何斯违斯，莫敢或遑？振振君子，归哉归哉。"写一个女子在惊雷欲雨之时，呼唤远方的心上人归来。雷打得很响，你还在南山的南边，那远在天边的地方。你为什么抛下我，匆匆行走在远方？我的心上人，你快快回来吧！《王风·君子于役》则写日落西山，一个女子触景生情。"君子于役，不知其期。曷至哉？鸡栖于埘。日之夕矣，羊牛下来；君子于役，如之何勿思。"黄昏是这样的可怕，我的丈夫去服役了。暮色中，牛羊匆匆下山，鸡也跳进笼中。服役的丈夫，你为什么不回来？这样的诗令人不忍卒读。中国绘画中的暮鸦颇似《诗经》中这些引人感叹的诗歌。

我们的生活中不乏关于乌鸦的体验。寒鸦点点，划破高空的一幕，我们不陌生。天色微明，高空中有一群一群的乌鸦向远处飞去，偶尔还可以听到它们传来的叫声。乌鸦在中国人心目中并不是一种吉祥的鸟儿，古人就有见乌鸦哀鸣会遭殃的说法。但对艺术家、诗人来说，乌鸦却是他们喜欢表现的对象。今天，城市化加剧，工业化带来的喧嚣也压缩着鸟儿的栖息世界，乌鸦也变少了。想来在恽南田的时代，乌鸦一定很多。秋风萧瑟处，雪落黄昏时，这些没有华丽羽毛的鸟儿，成群地飞来飞去，黑色的外表下藏着逡巡的目光，笨拙的身躯中裹着审慎的惊魂。这些神秘的鸟儿，引发了艺术家、诗人的无限遐思。它们远足寻觅，不做雕梁画栋客，而是徘徊在冷峭的寒林。飞得再远，仍不忘回到旧时枝。这些都折射出艺术家、诗人的精神世界。八大山人曾作有《枯木寒鸦图》（图10），冯超然也有题画诗道："寒日下峰巅，西风起林杪。野亭时一来，秋空数归鸟。"数着归鸟，数着暮鸦，也盘点着自己的精神世界。

这使我想到马致远那首著名的小令《天净沙·秋思》："枯藤老树昏鸦，小桥流水人家，古道西风瘦马。夕阳西下，断肠人在天涯。"王国维说此曲寥寥数语，深得唐人绝句妙境。有元一代词家，皆不能至此也。

枯藤盘绕，老树参差，数点寒鸦，在暮色苍茫中出没，小桥下，一脉清流潺湲，临溪有数户人家。在这古道上，又遭遇凄冷秋风，孤独之人骑着瘦马。夕阳一抹渐渐西下，唯有这游子浪迹天涯。小令极写游子浪迹之苦。从视觉上看，第一句是由下往上，枯

图10　清　八大山人《枯木寒鸦图》

藤盘绕着老树，渐渐向上延伸，树顶上但见几点寒鸦在暮色中飞翔，它们都在向"家"中归去。第二句是视线低下平视。低头见一座小桥架临，一湾流水默默流淌，似乎诉说着自己心中的苦痛。临溪而建的参差人家又暗衬游子孤独之苦，此户人家并不是游子的家人，游子成了一个孤苦伶仃之人。第三句直接写游子。古道荒天，渺无人迹，西风萧瑟，倍觉清寒，瘦马嶙峋，愈见可怜。马背上的独行人目之所见、心之所感都是如此情景，其心情不言自明。小令末二句一改上三句舒缓节奏而变为急促，十个字突然吐出，宣泄诗人难以自制的悲伤心情。

在这千年的古道上，在这萧瑟的秋色里，在这凄凉的晚风中，一个人踯躅在天涯！这几乎成了旅人的生命写照。

暮鸦在这里出现，主要反衬"断肠人"的痛苦。作者写寒鸦，是写其在暮色中归飞之急，向着它的居所飞去，而旅人却在渺然无绪中向着前方茫然地行走，两相比照，何其悲也。

由于交通不便，古人深受行役之苦，今天几个小时的旅程，在古代可能需要数月。跋山涉水，饥寒劳顿，太阳未出之时就急忙上路，暮色降临后才寻觅旅馆暂栖。这期间，晨时的雨，午后的风，夜里孤月高悬，黎明鸟儿聒噪，都可以触景生情，打破心灵的平衡。漂泊的人，其实就是一只落单的鸟儿。

三、平和的智慧

1. 平等

大乘佛学的智慧在于平等觉慧，它强调诸法平等，一切众生都有佛性。《金刚经》说："是法平等，无有高下，是名阿耨多罗三藐三菩提。"禅宗接受大乘空宗般若学的平等觉慧，所谓"平等一禅心"，以了知诸法平等为最高境界。禅宗的平等观不仅体现在凡圣平等，而且强调有情世界、无情世界乃至大千世界的一切都是平等的。禅宗强调，天平等，故常覆；地平等，故常载；日月平等，故四时常明；涅槃平等，故圣凡不二；人心平等，故高低无净。这一思想是八大艺术的灵魂。

上海博物馆藏八大山人《山水花鸟图册》八开，作于1694年，其中有一开为《鸡雏图》（图11），画中只有一只小鸡雏，毛茸可爱，迈着蹒跚的小步，旁若无人。山人有题识云："鸡谈虎亦谈，德大乃食牛。芥羽唤童仆，归放南山头。"并钤有"可得神仙"印。这真是再恰当不过的印，八大通过一只小鸡，表现出"可得神仙"的理想。

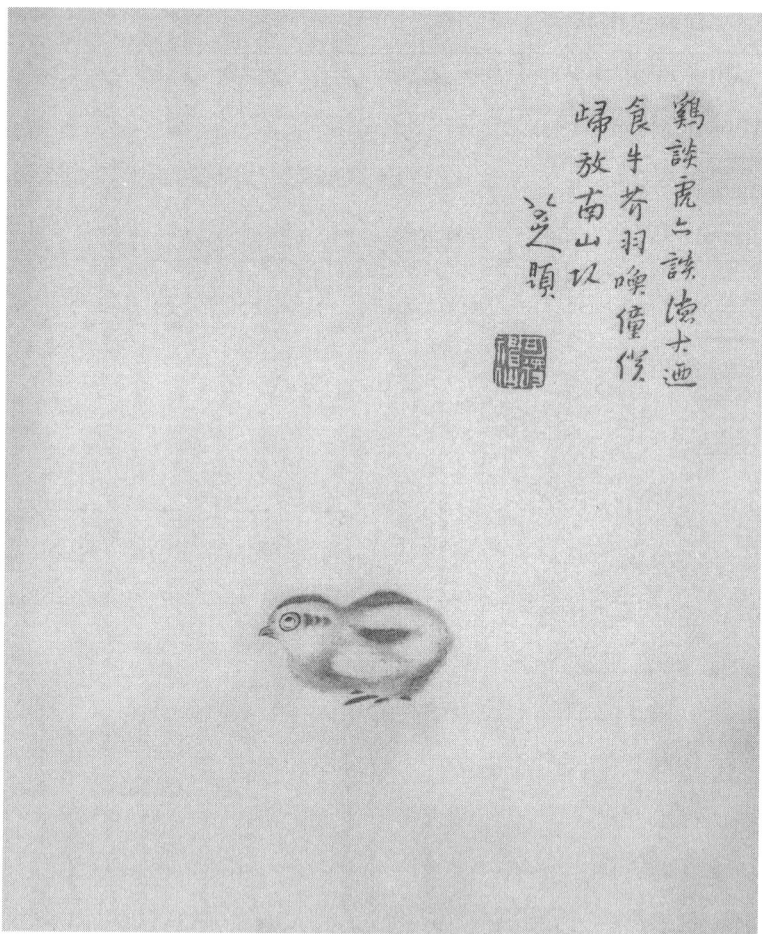

鸡谈虎亦谈渔大画
食牛芥羽唤僮仆
归放南山以
芝顥

图11　清　八大山人《鸡雏图》

诗与画相得益彰，但颇难懂。诗中前三句，连用了三个典故。"鸡谈"，出自晋人故事。刘义庆《幽明录》载："晋兖州刺史沛国宋处宗，尝买得一长鸣鸡，爱养甚至，恒笼著窗间。鸡遂作人语，与处宗谈论，极有玄致，终日不辍，处宗因此功业大进。"这是一只会谈理的鸡。"虎亦谈"，禅门也将善谈玄理之人称为"义虎"。"鸡谈虎亦谈"，此句讽刺清谈之风，说明不能以知识上的辨析代替生命的体悟，在八大山人看来，辨名析理之路，一如禅门所说的葛藤下话。

"德大乃食牛"，此句谈超越权威。在政治权威、道德权威、文化权威等的控制下，人只能匍匐在权威的阴影之下。有"食牛"的大力，并不能证明其"德"（能力）巨大，"德"之"全"在超越控制的欲望，超越竞逐的心理。《庄子·达生篇》说："纪渻子为王养斗鸡。十日而问：'鸡已乎？'曰：'未也，方虚骄而恃气。'十日又问，曰：'未也。犹应向景。'十日又问，曰：'未也。犹疾视而盛气。'十日又问，曰：'几矣。鸡虽有鸣者，已无变矣，望之似木鸡矣，其德全矣，异鸡无敢应者，反走矣。'""全德"之鸡，有吃牛之力，其他鸡都不敢轻易与之斗。

"芥羽唤童仆"，此句用古人斗鸡的典故，讽刺那些善斗之人。禅宗所谓世事峥嵘、人我竞争，使人永远生活在痛苦之中。斗鸡者为使鸡富有战斗力，将芥子捣碎涂到雄鸡的尾巴上。这一方法由来已久。《左传·昭公二十五年》："季郈之鸡斗，季氏介其鸡。"晋杜预注："捣芥子播其羽也。"

八大山人通过此诗，谈自己的人生理想，他要超越理性的道路，因为辨名析理无法获得对现实世界的悟得；他要超越一切权威，以诸法平等之心来对待世界的一切；他更要超越为名为利争斗的欲望，做一只"归放南山头"的鸡，一只雌柔的鸡，一只超越了争斗，不为人玩弄，恢复独立状态的自由的鸡。正像这只小鸡雏，雌柔而得神仙之境。

2. 平和

《平沙落雁》古曲，真是百听不厌。这样的曲子，表达的正是米芾所说的"霜清水落，芦苇苍苍，群鸟肃肃，有列其行"的境界，在一定程度上，它也可以说是对中国艺术清明、高远、宁静、幽深精神的反映。这首曲子平和澹荡，清新雅静。琴曲分为三部分，第一部分以舒缓轻松的节奏，描写秋高气爽、江天空阔、风静沙平的气氛，为全曲奠定一个基调。第二部分节奏渐快，由舒展变为激越，由宁静转为欢欣，百鸟和鸣，从远方飞来，让人激动，欢呼那希望的精灵飞来。第三部分表现雁落平沙的自在和悠然，沙白风清，云水浩渺，雁影参差而颉颃，可谓得大自在。江水的浩渺，秋色的高爽，云天的空阔，群雁的飞翔，映出人心的怡然、和悦、从容、适意。听这样的曲子，使人的五脏都得到洗涤，真"有一种安闲自如之景象，尽是潇洒不群之天趣"。

《平沙落雁》的曲名，正是中国传统艺术中影响极大的"潇湘八景"之一。"潇湘八景"分别为：山市晴岚、远浦归帆、平沙落雁、潇湘夜雨、烟寺晚钟、渔村夕照、江天暮雪、洞庭秋月。这些优美的名称和特有的境界，曾在中日艺术史上产生过重要影响。自五代以来，一直就是画题，历史上有无数画家画过潇湘八景图；而在中国音乐史上，也有很多与潇湘八景有关的乐曲。在中国文学史上，以八景为吟咏对象的篇目更是难以计数。

南宋法常，号牧溪，曾住六通寺。法常个性爽朗，好饮酒，是个有很高成就的僧人画家，有《潇湘八景图》传世。法常的八景图最初整体传入日本，后分成单轴，四轴失传，现仅存《渔村夕照》《远浦归帆》《烟寺晚钟》和《平沙落雁》四轴。

法常的《渔村夕照》，画面处理极其细微，大部分画面笼罩在云雾之中，雾气深重，似乎整个画面都随着云雾飘动。最为生动的是光线的处理，日光从浓雾中穿出，给山峦和江面笼上了梦幻般的色彩。渔村静卧于云树之下，几只若隐若现的小舟，沐浴着夕阳的余光，正在归途中。真是诗意盎然。

《远浦归帆》（图12），虽然表现的是急风暴雨，但并没有压抑和窒息，还是雾茫茫，雨蒙蒙，充满了机趣和平和。水面空阔，雨丝淡淡，真有船子和尚所说的"终日江头理棹间，忽然失济若为还。滩急急，水潺潺，争把浮生作等闲"的韵味。

图12　宋　牧溪（传）《远浦归帆》

四、独立的人格

南宋时期的大画家马远有一幅《寒江独钓图》，这幅画现藏日本东京国立博物馆，曾经到上海博物馆展出过。这幅画中展现的，是月亮微微的光影下，一个人坐在小船中钓鱼，神情专注，船身向前倾斜，钓者和着月光，沐着夜色，真是"千山鸟飞绝，万径人踪灭。孤舟蓑笠翁，独钓寒江雪"。这份清幽、独立，这份人和世界同流的精神，令人感动。

1. 孤独是存在本相

现藏于云南省博物馆的八大山人《孤鸟图轴》（图13）作于1692年。从画面的左侧斜出一支虬曲的枯枝，在枯枝的尽头，有一袖珍小鸟，靠一只细细的小爪，立于枯枝的末梢。欲展还收的羽翼，玲珑沉着的眼睛，格外引人注目。除此之外，画面别无他物，简易至极。在用笔上，正是吴昌硕盛赞的老辣沉雄，墨中无滞，笔下无疑。孤枝、孤鸟、可见的独目、撑持的独脚，等等。总之，画家要告诉你，这是多么孤独的世界：空空如也，孤独无依；色正空茫，幽绝冷逸。

这是一幅显现八大山人艺术哲学的标志性作品，可视为八大山人精神气质的象征。画虽简单，却蕴藏着八大山人有关孤独的智慧。要点有二：一是"巅危"意识。它使我想到佛教的"苦谛"，想到《周易》中的伟大智慧"忧患意识"。八大山人关心的并不是一只偶然飞来的小鸟，而是用它象征人的命运。曹丕诗云："人生居天壤间，忽如飞鸟栖枯枝。"八大山人的这幅《孤鸟图轴》，表达的就是这样的思想：从无限时空来说，人就是一只孤独的鸟儿，一只短暂栖息、瞬间消逝的鸟儿。人的生命是很偶然的，而人的生命过程又是孤独者的短暂栖居。二是"巅危"中的宁定。你看那单脚独立于枯枝之末的小鸟的眼睛，没有一丝恐惧和逡巡，它平静、悠然地享受着这短暂的栖息时光，没有角逐，没有争辩，没有盘桓，如平静的大海，不增不减。大乘佛学至高的自性般若境界，居然通过一只孤鸟可以瞥见，真是不可思议。

生命就像一场独自的旅行，无所依靠是人本来的命运，无所沾染是还归于人本相的唯一途径。八大山人通过画作中孤独意象的创造，强调人归复

图13　清　八大山人《孤鸟图轴》

"本相"。

良价禅师说:"千人万人中,不向一人,不背一人。"不向一人,不随波逐流;不背一人,超越是非,才能臻于"平常心"。正因此,孤独不是对群体的逃离,而是一无所傍。禅宗将出家人称为"无依道人",强调不沾一丝,透脱自在。妙悟之人,就像"透网之鳞"——从网中游出的一条小鱼,世俗的知识、欲望等构成密密的网,而彻悟者从这网中滑出。《六祖坛经》中说:"自性常清净,日月常明,只为云覆盖,上明下暗,不能了见日月星辰。忽遇惠风吹散,卷尽云雾,万象参罗,一时皆现。"就像上面说的那只孤鸟,挣脱一切束缚,到了自在云天,这是一只如"法身佛"的小鸟。

八大山人绘画中频繁出现的孤鸟、孤鸡、孤树、孤独的菡萏、孤独的小花、孤独的小舟,这些孤独的意象,都无所待。在这喧嚣的世界,万物如葛藤一样互相纠缠。八大山人认为:这样的纠缠太"碍眼",不仅有"碍"观瞻,更"碍"于生命本相的呈露。他钟情于孤独,就是要斩断葛藤,撕开牵连,独与天地精神相往来。

八大山人一生好画孤峰,这也别有因缘。孤峰是禅宗的重要意象,独坐孤峰顶,常伴白云闲,是禅门的至高境界。唐代高僧惟俨好啸傲山林,《五灯会元》卷五记载:"师一夜登山经行,忽云开见月,大啸一声,应澧阳东九十里许,居民尽谓东家,明晨迭相推问,直至药山。徒众曰:'昨夜和尚山顶大啸。'"其俗家弟子、儒家学者李翱有诗写他:"选得幽居惬野情,终年无送亦无迎。有时直上孤峰顶,月下披云啸一声。"有人问高僧沩山灵佑,他的弟子德山宣鉴去哪里了,沩山说:"此子已后向孤峰顶上,盘结草庵,呵佛骂祖去在。"孤峰,在禅宗中,昭示的是一种存在方式,一种独立不羁的生命境界。

这也深深影响到宋元以来的中国艺术。"孤峰迥秀,不挂烟萝;片月行空,白云自在",是禅境,也是诗境。一如枯木寒林,孤峰也是中国艺术家最喜欢表现的对象之一。静待孤峰顶上月明时，啸傲吟咏，成了艺术家的理想境界。明代李日华题画诗云："江深枫叶冷，云薄晚山孤。"一峰兀立于夕阳余晖之中，照出灵魂的孤影。

孤峰突起，独鸟兀立，齐蒿到只画一朵小花于画面的作品，却彰显出八大山人特别的精神追求。人们常说八大山人的画有精气神，气氛浓重，通过视觉方面的突兀和超出常规的表现，嵌入他的理性思考。他的画可谓智慧之画，他将自己对生命的理解通过视觉图像传达出来。如以上所举数例，无不彰显"自性"方面的考虑。画孤峰，等于画自己，画独坐大雄峰的气势，这是一种精神书写。

2. 孤独与人的尊严

清张庚说："古气浑穆，有八大山人风骨。""风骨"二字，可以说是八大山人艺术的灵魂。八大山人的画有一种傲岸的气度与风骨，他前期以花鸟虫鱼构图，后期又以简单的山水构图，讲的都是人的尊严这个大问题。

禅宗说，天上天下，唯我独尊。八大山人说，四方四隅，唯我独大。这不是什么尼采式的超人哲学，而是一种维持生命尊严的存在哲学。生命要有生命的尊严。在古希腊哲学中，亚里士多德就将生命尊严作为灵魂之善的重要内容。没有自尊，便没有生命的价值。在中国先秦哲学中，生命尊严一直是哲学家关心的重要问题。孔子赞赏子路说："衣敝缊袍，与衣狐貉者立，而不耻者，其由也与？"（《论语·子罕》）孔子看到的正是粗率的子路所具有的难能可贵的生命尊严感。南朝高僧竺法深曾拜见梁简文帝，出来后，大臣刘尹奚落他道："道人何以游朱门？"竺法深答道："君自见其朱门，贫道如游蓬户。"体现出一种尊严气象。

拥有尊严，是人生命存在的最基本的追求。人来到这个世界，就有自己存在的价值，就"注册"了自己。尊严是人区别于他者的符信。俗语所谓人活一张脸，树活一张皮。人的自尊，是人对自我的信心——人必须有对自我生命的信念，才能拥有真正意义上的生活。没有这样的信念，生命就处于随风披靡的境地，就会有"苟活"感。人无恒心，生命便无恒定。苟且的生，委琐的生，奴隶般的生，蝇营狗苟的生，都是生，但这不是真正的生，不是"自性"的生。委琐，是对尊严的背叛；精神的自甘沉沦，是尊严的丧失；人沦为物质的奴隶，是生命的坠落。

读八大山人的作品，为其傲岸的气度所折服，很多研究者都谈到类似的体会。他的傲岸，不是傲慢；他的独立，不是高人一等，更不是不与人交往的借口。八大山人认为，一个生物，哪怕是一个最微小的生物，都有其存在的理由。我和众生是平等的，我的生命与他人的生命，乃至一草一木，都具同等的价值。对自我生命尊严的回护，也是心存万类群生。

八大山人艺术中所表现的生命尊严思想，基于他对大乘佛学平等觉慧观念的理解。《大般若经》强调，一切众生都有佛性，所以诸法平等，有情世界甚至无情世界都有"自性"，都有其存在的理由，一草一木都是一个圆满自足的生命。《维摩诘所说经》说："一切众生即菩萨相。"一切众生皆有如来的智慧德相。尊卑、高下、贵贱等，那是人的分别之见，而生命本身是没有高下之分的。我甚至觉得，这是八大山人艺术的基础，也是八大山人艺术之所以引起那么多共鸣的根本原因。

上海博物馆藏八大山人书画合装册，十六开，作于1699年。其中第八开为《孤鸟图》（图14），这是八大山人另一种程式化的孤鸟图。整个画面就是一只孤鸟，一足单立，身体前倾，几乎颠而欲倒，但将倒而未倒，翅膀坚韧地举起，尾巴用力地伸开，全身的羽毛也立起，以此来保持平衡，还有那倔强的脖子，不屈的眼神……这一切都给人危而不倒、压抑中见宁静的强烈感觉。

图 14 清 八大山人《孤鸟图》

八大山人十二开的花鸟册页中第九幅也为一孤鸟图，与上图有异曲同工之妙。此画唯有一鸟，没有任何背景，也没有任何陪衬，鸟儿以独脚站立，黑色的身躯，头部背向，长喙向天，也是一种倔强的姿态。画的似乎是其曹洞宗师所说的不向一人、不背一人。

八大山人毕生喜画荷花，今传世的荷花作品不下百幅。其中有菡萏欲放，有小荷初举，也有枯荷池塘等。他笔下的荷花，在清丽出尘外，又多了些执拗之势。北京荣宝斋藏八大山人《杂画册》八开，其中第一开《荷花图》（图15）画一枝菡萏，卓立于荷塘之上，如一把利斧，劈开世界。正是禅门所谓"荷叶团团团似镜，菱角尖尖尖似锥"的那种。那曲而立的身姿，张扬着一种傲岸的气质，风骨凛然，不容干犯。八大山人的很多画给人石破天惊的感

图 15　清　八大山人《荷花图》

觉，这张画尤其如此。

　　一般来说，茕茕孑立，形影相吊，孤独常会伴随着无助，孤独往往显示出生命的柔弱和无力感。八大山人的孤独却与此不同，他的孤独表现的是一种张力，传达的不是柔弱感，而是不可战胜的意志力。

　　八大山人很喜欢通过物象之间的对比所形成的张力来表现孤而危的特点。如其《秋花危石图轴》，怪石压顶，将倾未倾，而在大石之下，有一株玉簪花，潇洒地张开她的叶，没有一丝畏缩。二者之间构成一种对比关系。所谓沧海横流，方显出英雄本色。人生命的整个过程，都是在与一种不明力量的角逐中度过的。生命中总有一种将人向下拉的负面力量，不上升就下坠。落魄的八大山人如此，无数生存在不同境况下的生命也莫不如此。唯有通过人的意志力才能维持平衡。八大山人画的就是这样的精神企望。

八大山人的画深染佛教哲学中金翅擘海、香象渡河的精神气质。八大山人画作的孤独中透露着倔强，有一种天子来了不低头的气度。八大山人的笔常常裹着狂放，秃笔疾行，大笔狂扫，快速、奔放地洒落着他的激情。笔墨里孕育着力感，也暗藏着机锋。心中无怯，笔下无疑。如同他常画的孤零零的一条鱼，兀然地伸展着身躯，横卧于苍穹之中。鱼的眼睛，没有染尘，没有恍惚，冷视红尘，仿佛世间万物都在它的一瞥中。

语言表达的艺术面面观

澳门大学人文学院中国语言文学系／
北京大学中文系　袁毓林

【内容提要】

　　本讲座主要介绍语言表达的艺术和修辞技巧的若干方面。首先说明什么是语言表达的艺术和修辞技巧，接着通过实例说明我们为什么要修辞，并且分析了交际的矛盾和语言表达的困难之所在。然后揭示语言交际是一种信息不对称情况下的博弈过程，举例说明了不同的语言决策造成的不同后果。本讲座着重说明修辞的参照标准，展示怎样通过修辞来提高语言表达的效果，从而达到预期的交际目的。还从认知科学的角度，介绍隐喻表达的概念结构基础，分析概念融合对于语言中超常规表达的影响及其艺术效果。

作者介绍

　　袁毓林，澳门大学人文学院中国语言文学系讲座教授。曾任北京大学中文系教授，博士生导师，教育部"长江学者"特聘教授。兼任《当代语言学》《中文信息学报》、日本《现代中国语研究》等十多家期刊的编委。主要研究理论语言学和汉语语言学，特别是句法学、语义学、语用学、计算语言学和中文信息处理。在《中国社会科学》《中国语文》《当代语言学》和《中文信息学报》等刊物发表论文100余篇，出版《语言的认知研究和计算分析》等10余部著作。多次获得教育部"高校科学研究优秀成果奖"。2015年被聘为教育部长江学者特聘教授。2017年入选第三批国家"万人计划"哲学社会科学领军人才。

一、何谓"语言表达的艺术"？

通俗地说，"语言表达的艺术"的核心是修辞技巧及其具体使用。那么，修辞又是什么呢？修辞是一种旨在提高语言表达效果的语言交际活动，是一个说写者为了达到预期的交际目的，根据具体的交际环境，利用民族语言材料的各种可能性，自觉地按照表达内容，对语言形式进行选择、加工和创造的过程。其中，少不了一些措辞方面的技巧。至于修辞技巧，无非是应对下列问题的窍门或规律：在什么场合、说什么、怎么说、为什么这么说、效果怎样。请看下面发生在某办公室的一幕修辞短剧：

（1）我单位的两个女同事聊天，一个说，你的皮肤真好，<u>肤如凝脂</u>。这话正好被一位说话糙的男上司听到，插上话就说："什么肤如凝脂？不就是<u>皮肤像猪油一样</u>。"这个煞风景的男人，把一段很唯美的对话给搅黄了。（苏北《语言的衣裳》）

只要有一点儿生活情趣的人，都会赞赏这位女同事言语得体优雅，也都会讨厌那个男上司言语冒失粗糙。显然，这位女同事善解人意，工于修辞；而那个男上司则不通人情，拙于修辞，说得不好听点儿就是长着一张乌鸦嘴。还好，这是闲聊，修辞的好坏还不至于引起多大麻烦，要是工作联系或者业务洽谈，那后果可能就比较严重。例如：

（2）上周某编辑和我洽谈某本新书，突然对我说："<u>我</u>

们给你的这个条件是其他社绝对给不了的！"言下之意是：合作方舍她其谁？这话既是小看了其他出版社，也小看了作者。我的第一反应是——多亏没合作，真的签了合同，您还不拿我当长工用。（张大志《编辑如何对待三类典型作者》）

在上例中，年轻编辑在跟资深作者沟通时，因为认识不准（以为作者为钱而写作）、言语不当（语气直率又专横、暗示意义不明确），结果引起对方强烈的反感，影响了合作。

人们在写文章时，经常要字斟句酌；写成以后，还要修改润色。即使是擅长文辞的作家诗人，也要对自己的作品反复推敲，特别是对于词语和句式进行精心的调整。例如：

（3）原句：山间的夜风吹得人脸上凉凉的，也把梨花的白色花瓣轻轻拂落在我们身上。（彭荆风《驿路梨花》）

改句：山间的夜风吹得人脸上凉凉的，梨花的白色花瓣轻轻飘落在我们身上。

单从句子本身的构造和意义来看，原句和改句各有千秋、难分伯仲。原句的两个分句都是陈述"山间的夜风"吹拂所造成的结果，其中第二个分句承前省略主语，谓语部分相应地使用了"把"字结构来统一叙述的角度，并且强调处置的结果。整个复句结构紧凑，语意流畅，文气贯注。改句的两个分句分别陈述"山间的夜风"和"梨花的白色花瓣"，其间隐含了夜风拂落梨花的意思。整个复句结构对称，语意勾连，文气纡徐。但是，考虑到文章的标题和主旨是叙述梨花的，那么原句中把全文的叙述主体梨花作为处置对象的表达方式，远不如改句中让梨花成为正面的描写对象的表达方式。也就是说，在切合题旨情境方面，改句的意象（夜风吹拂，梨花飘落）比原句的意象（夜风吹人，拂落梨花）更为主动、活泼和轻灵。

可见，修辞渗透在语言使用的每一个角落。恰当的修辞可以促使语言交际的圆满成功，增进人际关系的融洽与和谐；不当的修辞可能造成语言交际的受阻失败，加剧人际关系的紧张与对立。俗话说"说得好可以让人笑，说得不好可以让人跳"，古人云"良言一句三冬暖，恶语伤人六月寒"，甚至还说"一言可以兴邦，一言可以亡国"。这些都说明了在语言交际活动中，注意修辞是一件多么重要的事情啊。

至于文章写作，讲求修辞的意识和倾向更为明显。上面的例（3）已经充分地说明了这一点。许多优秀的作家对此也有过很好的论述。比如，苏联《青年近卫军》的作者法捷耶夫说：

（4）只有在语言上下功夫，才能使读者对于作家所创造的东西引起完整的、诗意般的印象。……必须善于寻找能引起读者必要情绪、必要心境的节奏、词汇、语句。

鲁迅先生在《答北斗杂志社问》一信中曾经说过：

（5）（文章）写完后至少看两遍，竭力将可有可无的字、句、段删去，毫不可惜。

这说明从文章写作的开始到初稿写成以后的修改，始终贯穿着修辞的努力与奋斗。

上面我们说修辞、道修辞，一口一个修辞，那么到底什么是修辞呢？其实，"修辞"是一个比较笼统的概念，至少可以分化为下面四个相对单纯的概念：

1. 修辞活动：一种旨在提高语言表达效果的语言交际活动，即说写者为了达到预期的交际目的，根据具体的交际环境，利用民族语言材料的各种可能性，自觉地按照表达内容对语言形式进行选择、加工和创造的过程。像上面例（1）中那个女同事对同伴的赞扬、男上司的粗鲁的插话，例（3）中作家对语句的修改，都是修辞活动。

2. 修辞现象：在修辞活动中跟语言相关的现象，主要是对语言材料和表达方式的选择、调整和创造性运用等过程；也包括修辞活动的成果和产品，即能够体现出修辞过程的话语或篇章。像上面例（1）中那个女同事赞扬同伴时对成语"肤如凝脂"的使用、男上司故意用大白话对成语的翻译，例（3）中词语的替换和句式的调整，都是修辞现象。

3. 修辞规律：隐藏在修辞现象背后的带有规律性的东西，也就是制约修辞活动的基本法则。像上面例（1）中那个女同事用文雅的成语夸赞同伴的皮肤，体现了语言交际的礼貌原则和表扬原则；男上司故意用大白话对成语进行粗鲁的翻译，则明显地违背了这两个原则，也体现出他的不怀好意；例（3）中词语的替换和句式的调整，体现了语言表达必须切合题旨和情境的原则。总而言之，语言交际的成败得失，都是有一定的修辞规律可循的。

4. 修辞学：一门研究修辞规律的语言学科，即研究如何提高语言表达效果的规律的学科。如果说逻辑学研究思维及语言表达的对不对（是否符合定义、推理和证明等的规律），语法学研究语言表达形式的通不通（是否符合词法、句法等的规律），那么修辞学则是研究语言表达形式的好不好（是否切合题旨情境、表达效果怎么样）。总而言之，修辞学最关心的问题主要是：在什么场合、说什么、怎么说、为什么这么说、效果怎么样。

前面重点分析一些常见的修辞现象，讨论若干基本的修辞规律。因为修辞规律在古今中外的语言运用中具有相当的普遍性，所以我们在举例说明时偶尔会超出现代汉语的范围。

二、为什么要修辞？

人类是一种高度社会化的群居动物，语言交际是维系人类社会的最为简便和有效的方式。因此，控制论的创始人维纳说："通讯是人类社会的黏合剂。"语言交际是一种典型的社会行为，具有以他人为指向（有意涉及他人）的特点。无论是口头说话还是笔头写作，说写者总是有意识地预设了某些个听读者；说写者发出言语刺激（比如：提问、命令、许诺、呼叫、叙述、说明、议论、抒情或感叹，等等），也总是期待着听读者做出相应的言语回应或行动反应（比如：回答、服从或拒绝、接受或谢绝、应答、聆听、理解、共鸣、甚至有所行动，等等）。说得专门一点儿，语言交际是一种运用语言来传递信息，并且通过信息来进行沟通和控制的活动和过程。也就是说，人们运用语言往往不仅是为了报道有关事实，而且企图在思想、感情或行动上影响他人，劝说他人相信某种事情，甚至做说话人所希望的事情。比如，在《孔乙己》所描写的咸亨酒店里，"脸上黑而且瘦"的孔乙己对小伙计说"温一碗酒"，这是想通过语言指令来让小伙计给他温酒解馋；但是，小伙计被他那"黑而且瘦"的模样惊呆了，没有给他温酒，即孔乙己的第一轮言语控制失败。小伙计的行为（没有立刻响应）作为一种反馈信息，反过来刺激了孔乙己，迫使他只得再次发出请求"温一碗酒"来进行第二轮言语控制。这种语言交际的控制和反馈的过程，可以抽象为下面的语言交际的通讯模型：

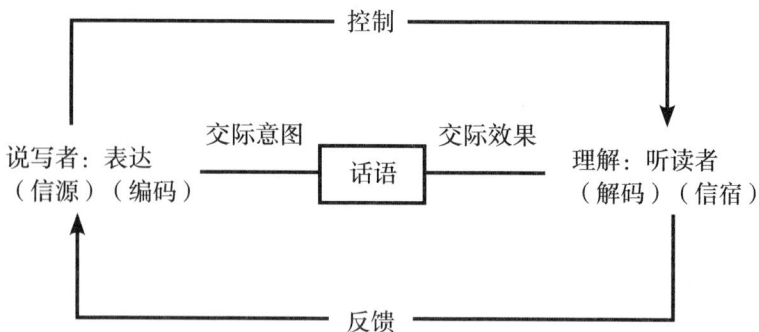

语言交际的通讯模型

　　贯穿在说写者与话语之间的主观动力是交际意图：为了完成交际任务，达到预定的交际目标，说写者总是要调动一切可能的语言手段，把自己的意向、目的、态度、情感等强烈地渗透进话语之中。贯穿在话语与听读者之间的客观效应是交际效果：听读者一方面要理解话语的字面意思，另一方面还必须体会出话语的真正意思（包括言外之意、说写者实际意图甚至主观评价）。接着，听读者的言语或行为反应又作为一种关于交际效果的信息，反馈给说写者，刺激他不断地调整自己的话语和行为。结果，说写者和听读者的角色也在不断地转换。

　　从中我们可以看出，在人类语言交际活动的各个环节上，都充满着矛盾，造成语言表达的困难。具体地说，有三种矛盾：第一，在说写者与话语之间有矛盾。因为语言不一定能完全准确地表达我们的思想感情，真正做到意随辞遣、意到笔随是不容易的。所以，晋朝文学家陆机说："恒患意不称物，文不逮意，盖非知之难，能之难也。"（《文赋》）比词不达意更为极端的情况是：语言有时无法传达我们的思想，这就是人们平常所说的"不知道该怎么说"，或者"言不及义、言不尽意"，甚至是"只可意会、不可言传"。这就难怪晋朝文学家陶渊明要说："此中有真意，欲辨已忘言。"（《饮酒》）第二，在话语与听读者之间有矛盾。因为"你的心思我了然"这种人与人之间心心相印的默契是比较难得的，我们倒是经常可以听到人们说"不知道他说些什么""不知道他是什么意思"。正如钱锺书先生所说的："立言之人句斟字酌、慎择精研，而受言之人往往不获尽解，且易曲解而滋误解。"（《管锥编》）可见，听读者从别人的话语上理解其意义和交际意图也殊非易事。难怪唐朝诗人刘禹锡要说："常恨言语浅，不如人意深。"（《视刀环歌》）更何况，还有"言不由衷、闪烁其词"，甚至"口是心非"这种语言陷阱，或者"言者无心、闻者有意"这种节外生枝的麻烦呢。第三，语言交际的明确原则与经济原则之间有矛盾。明确原则要求说写者尽可能把思想内容表达得清楚明白，以期彻底达到交际的目的。这就需要用较多的词语和句子来表情达意，确保听读者能够完全理解。但是，经济原则要求说写者尽可能用较少的词语和句子来表情达意，以节省交际双方的时间、能量和心思。怎样做到用恰当数量的话语，既简明扼要又明确清楚地表情达意，有效地保证说写者对交际内容的充分表达、听读者对交际内容的正确理解，这实在是一个修辞的难题。

因此，在语言交际活动中，说写者和听读者要不断地进行博弈，即根据自己所掌握的信息以及对自身情况的认识，做出有利于自己的话语表达或话语理解。表现为：在说写者方面，他担心听读者不能理解他所说写的话语的真正意义和交际意图，所以他要想各种办法，调动各种修辞手段，用复杂程度相当的话语来表情达意；而听读者方面，他要猜测说写者的话语的意思是什么，尤其是其真实的表达意图是什么。为了做到这一点，他除了要充分利用话语的语法结构等形式线索之外，更多地要求助于具体的交际情境，相关的背景知识，以及有关的修辞原则和语用惯例。特别是在说写者和听读者之间信息不对称的情况下，这种合作性博弈的结果是不确定的：有的时候双方的理解趋于一致，有的时候则可能南辕北辙；并

且，总的倾向是朝着有利于自己的方向解读。比如，以前的火车票
上一般都标明两行文字：

　　（1）限乘当日当次车
　　　　在2日内到有效

　　虽然这项规定印在火车票上的历史已有几十年了，但是根据有
关媒体的调查结果，74.8%的市民对"在2日内到有效"的理解是
"火车票的有效期为2天"，或者"如果当日赶不上火车，只要在车
票限定的2日内到达终点站，车票都有效"。而铁路部门的解释是：
火车票上很清楚地写明"限乘当日当次车"，如果不能及时乘车，
车票当然过期，成为废票。至于"在2日内到有效"，是指上车后乘
客在途中遇到生病等紧急情况下车后，可以在2日内改签车票后乘车
到达目的地。可见，双方都做出利于自己的意义解读。为此，铁道
部启动了《铁路旅客运输规程》的修订工作，对此表达做出修改。
正是为了避免类似的纠纷和掌握主动权，许多厂商的广告下面会有
一个诸如此类的免责和话语权声明"以上条款的最终解释权归本公
司"。这样，通过对解释权的垄断，来堵死消费者做出利于自己的
解读的后门。其实，为了正确地理解话语的意思，争取语言交际的
博弈成功，有时还必须正确地把握说话人的交际动机。比如，2010
年秘鲁作家略萨荣获诺贝尔文学奖，《百年孤独》的作者马尔克斯
在微博上对略萨留言道：

　　（2）如今我们都一样了。

　　原来，他们在1967年相识并且成为挚友，但是1976年的某一
天，在墨西哥的一家破电影院里，这两位作家却大打出手，没有人

确切知道到底发生了什么。从此他们便分道扬镳，连一句话都不说了。对于那场打斗的原因，两位文坛泰斗都讳莫如深，坚决不说出当年拳斗的真实原因。1982年，马尔克斯获诺贝尔文学奖；事隔28年，略萨也获此殊荣。面对马尔克斯的微博留言，有媒体指出这句话暗带讽刺；但是，略萨在新闻发布会上表示："很感激马尔克斯的留言。"这种积极的解读和正面的回应，一下子化解了两个人之间的恩怨是非。

在语言博弈时，听读者往往假定话语的实际意思是对说写者有利而对自己是不利的，这有可能导致不良的后果。比如，我国一对影视明星离婚，数年后，女方在博客中介绍：

（3）与前夫离婚时，他曾找了个记者写过一篇文章《<u>大树栽在花盆里 起根就是错的</u>》，大致写<u>我就是一花盆</u>，而<u>他是大树</u>，记得当时我看了痛不欲生。

数年以后，男方的回应是：

（4）我确实喜欢打一些比方，但不是人人都能理解，我很苦恼，当时这段话也被炒过，我现在还在用这个比喻，尤其是我做了婚姻节目后，更多地看到这种现象……我从来没说过<u>谁是花盆</u>，<u>谁是树</u>，这是个很愚蠢的比喻，但我并不想对她进行解释。

可以想象，当离异的夫妻听到对方用"大树栽在花盆里"这种比喻时，首先会猜测对方不怀好意，然后推断说话人把自己比作大树、而把对方（前妻或前夫）比作花盆。于是，跟着恶言相向，走向双输结局。

有的时候，听话人能够确定话语的意思对自己不利，但是一时拿不准说话人的真实意思及其表达逻辑（即言外之意及其推导路径）。比如，据马令《南唐书》记载，韩熙载（902—970年）机敏有外交口才。他出使北方，跟北方人有一段有趣而意思晦涩的问答：

（5）北人问：江南何不食剥皮羊？

熙载对：江南地产罗纨故尔。

韩熙载料到对方心怀叵测，问话意在讥笑江南人不会吃羊肉，因此，他故意答非所问。答话的表面意思是"我们有绫罗绸缎"，深层的意思则是"我们用不着穿羊皮"，言外之意乃是讥笑北方人没衣服穿。但是，当时北方人只是确信韩熙载的回答一定跟他们的问话相关，但是一时不明白他的真正的（深层的、言外的）意思；以至"遣熙载去，乃悟，使追之，不及"。

从上面的例子来看，语言博弈的结果可能是双方皆负（即双输，如例3、例4），也可能是双方皆胜（即双赢，如例2）；可能是一胜一负（即零和，如例5），也可能由零和走向双赢（如例1）。我们应当通过合适的修辞，来尽量避免双输，争取双赢，努力使零和变为双赢。可见，恰当的修辞是十分重要的。只要人与人之间用语言进行交际和沟通，那么就必须讲究修辞。修辞是取得语言表达效果、走向博弈成功的必由之路。因此，可以这么说：凡是有阳光的地方就有生活，凡是有生活的地方就有语言交际，凡是有语言交际的地方就有修辞。

三、怎样进行修辞？

怎样进行修辞，也就是在什么场合、说什么、怎么说，从而提高语言表达的效果，使语言交际达到预期的目标。一般来说，语言表达的效果可以从准确性、得体性和艺术性三个方面来衡量。因此，进行修辞的过程，也就是一个逐步使语言表达形式具有准确性、得体性和艺术性的过程。反过来说，准确性、得体性和艺术性是修辞的三个基本原则。

1. 准确性。这是针对语言表达形式跟语言交际内容的关系而言的。修辞最基本的起点就是努力使语言形式能够准确地传递表达内容（即题旨）。因为语言是交际工具，所以修辞的种种努力的首要目标是：使语言形式准确地传达说写者所要表达的意思，包括思想感情、意图评价等内容。如果语言形式没有（或不能）准确地传递表达内容，那么无论怎样遣词造句、布设辞格，都谈不上有什么表达效果。此所谓"皮之不存，毛将焉附"。从作家的改笔中，可以清楚地看到这一点。例如：

（1）原句：我就像遭到雷击，赶忙问他："爸爸呢？"他避开我的<u>眼睛</u>，低声告诉我，根据林彪一号通令，爸被疏散去外地了。（陶斯亮《一封终于发出的信》）

改句：……他避开我的<u>眼光</u>……

（2）原句：我<u>自信</u>我努力，还能够博采口语，来改革我的文章。（鲁迅《写在"坟"后面》）

改句：我<u>以为</u>我<u>尚十分</u>努力，<u>大概也</u>还能够博采口语，来改革我的文章。

例（1）中"眼睛"改为"眼光"，因为"避开"的不可能是"眼睛"；显然，"他避开我的眼睛"属于词不达意。例（2）中原来的表达太直露，不够谦逊和婉转。后来，随着作者思想认识的改变，语言表达形式也随之改变。

2.得体性。这是针对语言表达形式跟语言交际的场合（即语境或情境）而言的。语言交际和语言运用总是在某种特定的语境中进行的，只有既准确地传递了说写者所要表达的交际内容，又切合现实的交际环境的语言表达形式，才能为听读者所乐意接受，并且取得预期的表达效果。语境的因素很复杂，大致可以分为以下六个方面：

A. 话语上下文，也称为语流。遣词造句是否合适，有时得看其在特定的上下文中是否妥帖。例如：

（3）蜜蜂是在<u>酿蜜</u>，又是在<u>酿造生活</u>。（杨朔《荔枝蜜》）

（4）柳絮飞来片片红，夕阳初照桃花坞。

例（3）中"酿造生活"这种超常规的词语组合，只有在上面这种特定的上下文中才能成立，并且收到良好的表达效果。相传例（4）中上句是蒲松龄的老师所吟的不合情理的坏句，亏得蒲松龄临时造境逆挽，不仅使坏句起死回生，而且还别具境界，诗意盎然。

B. 语言表达的模式，也称为语体。即适合于特定的交际场合、完成特定的交际功能的特定的语言表达模式。语体是由特定的词语和句式等造成的整体性的表达方式，不同的语体具有各自的风格。语体对于语言的使用具有强制性和规范性，人们的语言表达必须适合语体。

语体是全民语言的功能性变体，由语言交际的任务来决定具体语言的使用。比如，为了向学生传授知识，教师一般采用课堂谈话语体；为了给大众介绍纳米材料等专业知识，专家应当采用通俗的科技语体。在网上购买商品，可以采用称呼对方为"亲"（"亲爱的"之缩写）的"淘宝体"。例如：

（5）卖家：朋友，需要什么商品？

买家：为什么没叫我"亲"？还想不想要订单了？还想不想要好评了？

卖家：亲，能帮您什么忙吗？

买家：亲，我想买电动剃须刀，包邮么？

这是一则网上购物的段子，买卖双方"亲切又腻歪"的语言，给人一种贴近而温暖的感觉。现在，这种"淘宝体"最大的特点就是逢人就叫"亲"，已经突破购物网站的交流范围，进入众多的场合，成为网络上流行的一种表达方式。例如：

（6）亲，祝贺你哦！你被我们学校录取了哦！×××，211院校噢！奖学金很丰厚哦！门口就有地铁哦！景色宜人，读书圣地哦！亲，记得9月2日报到哦！录取通知书明天"发货"哦！

（7）亲，为什么要犯罪呢？您这罪给十年已经是最优惠了哦。亲！现在入狱包吃包住还送双手连体银手镯哦，亲。

（8）亲，告别日日逃、分分慌、秒秒惊的痛苦吧，赶紧预订喔！全国入狱免费包邮哦！

例（6）是2011年某高校向新生发出的短信，新生和社会对此褒贬不一。例（7）是2011年某地警方博客上为宣传漫画所配的语句。

例（8）则是某地警方微博上的通缉令，后来在舆论压力下，警方把这则"淘宝体"通缉令给删除了。

可见，在比较严肃的场合，用"淘宝体"可能会带来负面影响。换句话说，越是正式的场合，越是不宜用带有搞笑色彩的语体。

C. 语言交际的具体情境，也称为交际场景。语言表达是否合适、话语形式的语义解读、交际意图的揣摩，有时依赖于特定的交际情境。例如：

（9）东京也无非是这样。上野的樱花烂漫的时节，望去确也像绯红的轻云，但花下也缺不了成群结队的"清国留学生"的速成班，头顶上盘着大辫子，顶得学生制帽的顶上高高耸起，<u>形成一座富士山</u>。（鲁迅《藤野先生》）

（10）在北大，<u>说你很用功</u>，那不是表扬，<u>是嘲笑你没才气</u>。学生中受推崇的，不是认真念书，而是不听课而能拿高分。……在日本学界，<u>说你"天才"</u>，那是嘲笑，<u>意思是你训练不好，或不够用功</u>。（陈平原《训练、才情与舞台》）

例（9）写的是在东京的"清国留学生"，所以用富士山作比是妥帖的；如果改用昆仑山，那么可能会令人莫名其妙。例（10）所述多少有点夸张，但说明对于话语真实意义的解读，有时取决于具体的语境。

D. 语言交际的文化背景，即跟语言使用相关的地区、时代、社会、历史、文化和媒体形式等多种因素。比如，"同志"本来是一个很正统的称谓，但是，因为港台地区用以指同性恋，因此，为了避免误会或反感，就用"先生、女士、师傅、老师、老板"等来代替。再比如，"小姐"以前是有钱人家里仆人对主人的女儿的称呼，也是对于年轻女子的尊称；中华人民共和国成立后，因为怕跟地主、资本家等剥削阶级的女儿发生意义联系，人们不爱听这个称呼；改革开放以后，人们又恢复使用这个尊称；然而好景不长，随着色情服务在暗中死灰复燃，出现"三陪小姐"的称呼，为了撇清这种瓜葛，"小姐"这个本来优雅的称呼又招人反感了。另外，不同时代、不同的交流媒体，所用的话语形式也是不同的。例如：

（11）邮政时代：见信如面。此致敬礼！

电话时代：你是哪位？他人不在！

呼机时代：速回电话！生日快乐！

手机时代：你在哪儿？你打错了！

网络时代：你是谁？男的还是女的？

后网络时代：有人吗？你是人吗？

可见，在不同的时代可能有不同的交际媒体，活跃在这些媒体上的话语形式也是不尽相同的。

E. 语言交际的主体，即上文所说的说写者，在传播学上称为传者，也称为"言语主体"。语言表达方式是否合适、话语内容和交际意图是否清晰，有时取决于特定的交际主体。

F. 语言交际的对象，即上文所说的听读者，在传播学上称为受众，也称为"言语客体"。语言表达方式是否合适、话语内容和交际意图是否清晰，有时取决于特定的交际对象。比如，1923年12月26日，鲁迅在北京女子高等师范学校文艺会作演讲《娜拉走后怎样》。因为听众大都是脖子上围着一条紫红色绒线围巾的女大学生，所以鲁迅联系听众实际说：

（12）然而娜拉既然醒了，是很不容易回到梦境的。因此只得走；可是走了以后，有时却也免不掉堕落或回来。否则，就得问：她除了觉醒的心以外，还带了什么去？倘只有一条像诸君一样的紫红的绒绳的围巾，那可是无论宽到二尺或三尺，也完全是不中用。

当时，北京上演了挪威戏剧家易卜生的《玩偶之家》，有文化的青年人普遍思考"娜拉出走后怎么样？"这一问题。鲁迅通过对梦醒以后的娜拉的出路分析，来阐明他对妇女解放问题的意见。这本来是一个比较沉重的话题，在演讲中鲁迅说到"人生最苦痛的是梦醒了无路可以走"，但是，他通过"像诸君一样的紫红的绒绳的围巾"这一小小的道具，拉近了跟听众的距离，使得演讲轻松、活泼和亲切。

另外，得体性还包括礼貌原则，即说写者根据交际主题和场合，审视自己和听读者的关系，尊重对方，尽可能多表扬、少贬损；谦逊矜持，少自夸、多赞同；即使是反驳别人的观点、批评别人的言行，也要拿捏分寸，委婉措辞，尽量不使人尴尬和难堪。例如：

（13）20世纪50年代初，北大哲学系邀请当时马列学院（现中央党校）艾思奇教授来作关于逻辑问题的学术报告，那时的苏联理论界刮起了一阵批判和否定传统逻辑之风。艾思奇可能受其影响，在报告中也有否定形式逻辑的倾向。系主任金岳霖主持报告会，最后只用两句话作了一个小结："<u>感谢艾思奇教授给我们作了精彩的报告，</u><u>他的话都是合乎形式逻辑的</u>。"前一句话作了礼貌式的肯定，后一句话又委婉地亮明了不同的学术观点。这真是恰到好处，正所谓"极高明而道中庸"，幽默中表现了他的高度智慧。（张翼星《教授的故事为

什么少了？》）

3.艺术性。主要指语言表达的趣味性，这是语言表达所追求的最高目标。它要求在准确、得体地运用语言的基础上，从相关的同义表达形式中选择最适切的表达形式，施展多种修辞技巧，对语言进行艺术加工和创造，使语言表达具有打动人心的魅力，从而取得最佳的交际效果，实现最优化的沟通、劝说和控制。例如：

（14）本单位的宣传部长是天津人，天生有幽默感。受他的熏陶，他上小学四年级的儿子也显出这般天赋，经常没大没小地和他老子开玩笑。一天下午，儿子放学来单位老子这儿玩。老子中午吃东西不得劲，有点儿闹肚子，这时候<u>下面就放了一个臭响</u>。儿子现场脱口秀："哟！<u>听您口音，不像本地人</u>。"（祝晓风《有声与无声之间》）

（15）冬，像一双倦游的翅膀，悄悄地在暮色里归去。迎面而来的——春，似一位多情的小姑娘，浑身带着一种困人的诱惑，多么使人陶醉啊！（丁颖《三分春色一分愁》）

例（14）中儿子的俗事雅说，风趣幽默。例（15）则是典型的文学性语言，形象生动。

总之，修辞是一个追求语言使用的准确（真）、得体（善）和艺术（美）的过程，或者说是一个实现语言运用的真诚（信）、通畅（达）和优美（雅）的过程。修辞旨在提高语言的表达效果，进而改善人际交往，达到最佳的沟通、劝说与控制。所以，修辞不仅是一种语言表达的技巧，更是一种运用语言的智慧，一种人生的态度和处世的哲学。因此，我们也可以借助修辞的努力和锻炼，更好地感悟人生与体察世界，以期获得思想的自由与精神的超越。

四、从语言表达到思维方式

下面我们讨论语言表达与概念隐喻。根据认知语言学上的定义，概念隐喻指把适用于一个概念空间或领域（原域）的概念体系投射到另一个概念空间或领域（目标域）上去。正是通过概念隐喻，我们可以把一个领域里的概念运用到另一个领域里。这是一个对于比喻的认识的重大转变。因为，我们传统修辞学里把比喻看作是一种生动的语言表达方法，而现在，认知科学家告诉我们：比喻（隐喻）不仅是一种语言表达方式，更是一种思维方式。这是一个极大的认识提升。比如，张爱玲《天才梦》中的"生命是一袭华美的袍，爬满了虱子"。这的确是一个非常生动的语言表达。但是，在这个比喻的背后，隐藏着作者对人生的刻骨铭心的感悟和体认。在我看来，这种认识可以解释许多超出语言表达的现象。一个明显的事实是，概念隐喻可以用于提出科学假设，进行理论建构、工业设计和产品开发。比如，在构建原子结构模型时，假设电子围绕原子核运转，这通过仪器是观察不到的，但是却可以用能观察得到的太阳系中行星围绕太阳运动的情形来构想：电子围绕原子核运转就像行星围绕太阳运动。波尔等构建的原子模型用的就是这样的隐喻。

再比如，我们电脑的桌面上，有文件夹、垃圾桶、邮箱等快捷图标。其实，这是把办公室和办公桌的概念系统投射到了电脑用户的应用界面上了。

再比如，我们把编制者在计算机程序中插入的破坏计算机功能或者破坏数据、影响计算机使用并且能够自我复制的一组计算机指令或者程序代码，叫作计算机病毒。因为它跟真正的生物病毒一样，具有破坏性、复制性和传染性。

下面我们来看更加复杂的概念隐喻的词汇化。请看这几个例子：

满身是汗 ——全身是汗

满脸是汗—— *全脸是汗

*满公司的人——全公司的人

对于这个现象，有的学者解释说，这是因为"满"强调数量，"全"强调范围。但是这还是不能解释：为什么"满肚子"和"全北京"合格，而"全肚子"和"满北京"不合格。其实，"满"的概念结构基础是一种容器隐喻，凡是能想象成容器的，都可以用"满"；"全"的概念结构基础是一种套件隐喻，凡是能想象成成套的东西的，都可以用"全"；既可以想象成容器也可以想象成套件的，那么"满"和"全"就都适用。

五. 概念融合和超常规语言表达

许多富有艺术魅力的超常规语言表达，需要从稍微复杂一点的概念融合来说明。

（一）概念的跨空间映射、压缩与整合

我们先说一说概念融合（conception blending）。所谓概念融合，指的是两个或多个心理空间被并置而且整合成一个新的心理空间。即两个或多个输入概念或情境，经过跨时间、跨空间等的同一性映射和压缩等认知运作后，输出一个融合性的概念或情境。这个新的融合空间不仅利用输入空间的概念结构和情境特征，而且也表现出新颖的、动态的、更为复杂的概念结构和情境特征。例如：

（1）史家之绝唱，无韵之离骚。（鲁迅对《史记》的评价）

（2）苏珊大叔朱之文激情演唱，轰动全场。（网络新闻）

在例（1）中，"史家之绝唱"是鲁迅对《史记》的史学成就的高度评价（空前绝后），而"无韵之离骚"是鲁迅对《史记》的文学成就的高度评价（堪与《离骚》比肩）。这"无韵之离骚"简直是神来之笔，巧妙地把《史记》和《离骚》这两个概念整合成一个新的目标概念：虽然不是诗歌、但是文采优美不逊《离骚》的历史巨著。例（2）先是把英国民间女歌手"苏珊大妈"的概念，投射到中国民间男歌手朱之文上，形成"朱之文大叔"这个仿辞式概念；接着，进一步把"苏珊大妈"和"朱之文大叔"这两个概念融合起来，提炼成"苏珊大叔"这个概念，用以反映他们两个人之间的共同点：出生草根、相貌不佳，但是歌声却出乎意料的优美。因为"苏珊大叔"这一说法是多重概念的叠印，所以意蕴丰厚，耐人寻味。

（二）禅理机锋与文学兴会的概念基础

许多深藏禅理机锋或者富有文学兴会和情趣的语言表达，往往超出传统修辞学的辞格和辞趣的范畴。例如：

（3）解铃还须系铃人。

（4）后宫佳丽三千人，三千宠爱在一身。（白居易《长恨歌》）

（5）东风不与周郎便，铜雀春深锁二乔。（杜牧《赤壁》）

（6）女朋友结婚了，新郎不是我。（幽默故事）

这些表达超出了传统修辞学的辞格和辞趣的范畴，但是都涉及跨空间、超时间的情境融合。在我们对它们进行修辞分析时，大有狗咬刺猬、无处下嘴的为难。但是，如果我们扩大眼界，采用认知语言学上概念融合的理论，或许能够搔到一些痒处。这些富有理趣和情味、高度凝练浓缩的语言表达，其语义背后的概念结构，往往是由两个或多个概念或情境压缩和融合而成的。正好可以借助认知语言学上的概念融合理论来分析。比如，例（3）源自宋代惠洪《林间集》卷下所载事迹：

> 法灯泰钦禅师少解悟，然未为人知，独法眼禅师深奇之。一日法眼问大众曰："虎项下金铃，何人解得？"众无以对。泰钦适至，法眼举前语问之，泰钦曰："大众何不道：'系者解得。'"由是人人刮目相看。

从修辞的角度看，"解铃还须系铃人"一句，妙就妙在有四两拨千斤之功夫。而这种功夫又源于性格豪放、平时不太遵守佛门戒规的法灯禅师的别出心裁，他能够由法眼禅师所设定的眼前的情境：虎项下有金铃，需要有人去解开，追溯到其前提性情境：先得有人有能耐在虎项下系上金铃。于是，把解铃和系铃这两个情境融合起来，自然得出推论性的情境是：唯有系者堪任解者。也就是说，法灯之语，妙在把解铃的概念和系铃的概念融合起来，最终破解难题。在例（4）中，诗人白居易极言天生丽质的杨贵妃"回眸一笑百媚生"，相形之下"六宫粉黛无颜色"，遂使得唐明皇恩泽独施，宠爱专加，以至让杨贵妃"承欢侍宴无闲暇，春从春游夜专夜"。"三千宠爱在一身"一句，妙在把皇恩普施后宫佳丽三千人的概念性情境，与杨贵妃专宠后宫的概念性情境巧妙融合，铸炼成一种想象性的情境：唐明皇把本来应该分别施与"后宫佳丽三千人"的"三千宠爱"，独独加于杨贵妃"一身"。同样，在例（5）中，诗人把周瑜获得火烧曹军的胜利这种真实的历史情境，跟假想的周瑜火烧曹军失利的虚拟情境相融合，得到了综合的情境：倾巢之下无完卵，败将妻妾也遭殃，吴国的国色大乔（孙策之妻）、小乔（周瑜之妻）被曹操幽禁在他的铜雀台上。诗人借此融合性的假设的历史情境，抒发了自己对国家兴亡的感慨，也排解了个人英雄无用武之地的抑郁不平之气。在例（6）中，说话人"我"巧妙地把谈恋爱的概念性情境跟其后续的结婚的概念性情境融合起来，特别声明其中的情境角色发生了改变：

恋爱情境：男朋友（我）—女朋友
结婚情境：新郎（不是我）—新娘（我的女朋友）。

通过恋爱和结婚这两个概念情境及其中情境角色的置换和融合，道出了失恋者心中难以名状的苦涩和酸楚，也夹带着些许的自我调侃和自我解嘲。

（三）用典与互文本性的概念基础

用概念融合理论，不仅可以解释跨空间、超时间的情境整合表达，还可以对用事、互文等修辞手段从互文本性（intersubjectivity）的角度做出新的解释。例如：

（7）海上生明月，天涯共此时。（张九龄《望月怀远》）
（8）今宵酒醒何处，杨柳岸、晓风残月。（柳永《雨霖铃》）
（9）今人不见古时月，今月曾经照古人。（李白《把酒问月》）
（10）秦时明月汉时关，万里长征人未还。（王昌龄《出塞》）

例（7）出自唐代诗人张九龄《望月怀远》的首联。浩渺无垠的大海上升起一轮皎洁的明月，诗人触景生情，想起了远在天涯海角的情人：此时此刻她也和我一样，仰望着同一轮明月。令人遗憾的是，在这白露暖空、素月流天的良宵，却与美人相隔遥远，无法相见；但是，那彼此共有的明月，或许可以传递双方的信息，这倒也算是稍稍慰藉了相思之苦。这种写法实际上是把不同空间下两个相似的情境融合到一个情境中去了。对于有中国古典文学素养的人来说，除了这文字上表面的情境融合之外，还能够体会出诗意和文本上的融合，会想到南朝宋代文学家谢庄《月赋》中的诗句："美人迈兮音尘绝，隔千里兮共明月。"一样的望月怀远、思念远方的情人。不同的空间、不同的时间、不同的文本，一样的情思、一样的真挚、一样的感人。例（8）出自宋代词人柳永的《雨霖铃》下阕。该词表现了作者离京南下时长亭送别的情景和思绪。上阕描述离别的场面和双方惜别的情态：从日暮雨歇，送别都门，帐饮饯行，到兰舟催发，泪眼相对，执手告别，层层写来，展示了人间最令人伤心的一幕。下阕设想别后情景，抒写离情别绪：上两句"多情自古伤离别，更那堪冷落清秋节"点出离别之冷落；"今宵酒醒何处，杨柳岸、晓风残月"承上两句渲染，虚景实写，虚实相生，并且以景染情，融情入景。"今宵酒醒何处"，遥接上阕中的"都门帐饮无绪"，虽然"无绪"却仍借酒浇愁以致沉醉；"杨柳岸、晓风残月"则集中了一系列极易触动离愁的意象：今宵一别，就此踏上千里苦旅；遥想不久之后，词人好容易酒醒梦回，已经是一舟临岸，但见晓风习习，吹拂着萧萧疏柳，残月弯弯，高挂在杨柳梢头。词人巧妙地把"醉不成欢惨将别"的真实情境，跟想象中的"杨柳岸、晓风残月"的情境融合起来，创造出一个凄清冷落的怀人境界。整个画面充满了凄清的气氛，客情之冷落、风景之清幽、离愁之绵邈，完全凝聚在这画面之中，把词人对离情别绪的感受，通过具有画面性的境界表现出来。通过多种概念性情境的融合，情与景交融、意与境相会，构成一种诗意美的境界，真正做到了状难状之景于目前，达难达之情于笔端，而又全都出于自然，给读者以强烈的艺术感染。例（9）出自唐代李白的《把酒问月》。浪漫飘逸的诗人面对亘古不变的明月不禁停杯发问："青天有月来几时？"感慨"人攀明月不可得"，又由月色的清辉想到月亮宵出晓没的循环往复，以及玉兔、嫦娥的神话传说。面对宇宙的遐想，又引起诗人对人生哲理的一番探求：今月古月实为一，而今人古人则不断更迭。说"今人不见古时月"，也就意味着"古人不见今时月"；说"今月曾经照古人"，也就意味着"古月依然照今人"。诗人通过把"今月照今人"和"古月照古人"两种概念性情境融合起来，用回环的形式表达出来，造语极具重复、错综之美，且有互文见义之妙。多情的诗人感慨系之："古人今人若流水，共看明月皆如此。"是啊，月亮见证了历史沧桑，人类不过是世间匆匆的过客。最后两句"唯愿当歌对酒时，月光长照金樽里"，便是结穴到及时行乐的主题上来。其中化用了曹操诗句"对酒当歌，人生几何"，通过两种文本情境的融合，表达了古今相同的人生感喟。例（10）也可以用情境融合和互文见义来作相似的分析。

这里，我们再给出四个例子，请大家尝试用概念融合理论来分析其修辞效果的形成机制：

（11）蔡元培是现代中国的孔夫子。

（12）水城苏州是东方的威尼斯。

（13）To publish or to perish, this is a question.

（要么发表，要么沉寂，这是一个问题。）

To be or not to be, this is a question.

（生存与否，这是一个问题。）

（14）一曲新词酒一杯，去年天气旧亭台。夕阳西下几时回？无可奈何花落去，似曾相识燕归来。小园香径独徘徊。（晏殊《浣溪沙》）

刘勰《文心雕龙》之《物色篇》云："是以诗人感物，联类不穷。流连万象之际，沉吟视听之区。写气图貌，既随物以宛转；属采附声，亦与心而徘徊。"其《神思篇》："文之思也，其神远矣。故寂然凝虑，思接千载；悄焉动容，视通万里；吟咏之间，吐纳珠玉之声；眉睫之前，卷舒风云之色；其思理之致乎！故思理为妙，神与物游。神居胸臆，而志气统其关键；物沿耳目，而辞令管其枢机。枢机方通，则物无隐貌；关键将塞，则神有遁心。"既然诗人感物，联类不穷，思接千载，视通万里，神与物游，心以理应，其间，不同意念和情境的交叠和融合就势在必行。那么，对于他们吟咏出来的绝妙好辞、隽语佳句，用概念融合的理论去分析和解释，不亦宜乎？

（四）通感、移觉等想象的概念基础

修辞学作为一门研究语言表达效果的科学，涉及广泛的语言运用的各个方面。他山之石，可以攻玉。关于语言运用的社会心理学研究的方法和成果，可以也应该是修辞学研究的理论营养之一。我们修辞学研究者，一方面要在传统语法研究的成果中挖掘对当今仍然有用的材料和课题，另一方面要积极学习认知语言学等当代新兴的语言学研究方法，努力把修辞学研究推进到跟当代语言学的其他分支学科相当的水平，让古老的修辞学焕发出时代的光彩。比如，概念融合的理论，可以使我们对于"通感"这种修辞方式的心理机制，有更加深刻的认识。例如：

（15）绿杨烟外晓寒轻，红杏枝头春意闹。（宋祁《玉楼春》）

对于其中的"闹"字，据钱锺书《通感》一文介绍：

李渔《笠翁余集》卷八《窥词管见》第七则别抒己见，加以嘲笑："此语殊难著解。争斗有声之谓'闹'；桃李'争春'则有之，红杏'闹春'，余实未之见也。'闹'字可用，则'吵'字、'斗'字、'打'字皆可用矣！"同时人方中通《续陪》卷四《与张维四》那封信全是驳斥李渔的，虽然没有提名道姓；引了"红杏'闹春'实之未见"等话，接着说："试举'寺多红叶烧人眼，地足青苔染马蹄'之句，谓'烧'字粗俗，红叶非火，不能烧人，可也。然而句中有眼，非一'烧'字，不能形容其红之多，犹之非一'闹'字，不能形容其杏之红耳。诗词中有理外之理，岂同时文之理、讲书之理乎？"

钱锺书先生认为，方中通"也没有把那个'理外之理'讲明白"。钱先生通过排比一组宋人用"闹"字来形容无"声"的景色的例子，说明"从这些例子来看，方中通说'闹'字'形容其杏之红'，还不够确切；应当说：'形容其花之盛（繁）。''闹'字是把事物无声的姿态说成好像有声音的波动，仿佛在视觉里获得了听觉的感受。……用心理学或语言学的术语来说，这是'通感'或'感觉挪移'的例子"。在此基础上，钱先生说明了通感的心理机制：

在日常经验里，视觉、听觉、触觉、嗅觉、味觉往往可以彼此打通或交通，眼、耳、舌、鼻、身各个官能的领域可以不分界限。颜色似乎会有温度，声音似乎会有形象，冷暖似乎会有重量，气味似乎会有体质。诸如此类，在普通语言里经常出现，譬如我们说"光亮"，也说"响亮"，把形容光辉的"亮"字转移到声响上去，……就仿佛视觉和听觉在这一点上有"通财之谊"。又譬如"热闹"和"冷静"那两个成语也表示"热"和"闹"、"冷"和"静"在感觉上有通同一气之处，结成配偶，因此范成大可以离间说"已觉笙歌无暖热"（《石湖诗集》卷二九《亲邻招集，强往即归》）。李义山《杂纂·意想》早指出："冬日着碧衣似寒，夏月见红似热"（《说郛》卷五）。我们也说红颜色"温暖"而绿颜色"寒冷"，"暖红""寒碧"已沦为诗词套语。

说通感是不同感官的官能的打通，非常正确。同时，我们也应该承认，这种官能的打通，除了有生理原因之外，更有赖于人们的联想和想象，有赖于人们能够把不同的概念空间和情境融合成一个凝练而新奇的、充盈着诗意和情趣的概念空间和情境。例如：

（16）那笛声里，有故乡绿色平原上青草的<u>香味</u>，有四月的龙眼花的<u>香味</u>，有太阳的<u>光明</u>。（郭风《叶笛》）

（17）海在我们脚下沉吟着，诗人一般。那声音仿佛是朦胧的<u>月光</u>和玫瑰的<u>晨雾</u>那样<u>温柔</u>；又像是情人的蜜语那样<u>芳醇</u>；低低的，轻轻地，像微风<u>拂过</u>琴弦，像落花<u>飘在</u>水上。（鲁彦《听潮》）

可以想见，只有那些具有"音乐的耳朵、诗人的神经"、善于打通不同的官能感觉、融合不同的概念空间的人，才能感受到那笛声（听觉）中蕴含着青草的清香（嗅觉）、龙眼花的芬芳（嗅觉和味觉），还有平原的翠绿（视觉）和阳光的明媚（视觉）；才能感受到那海浪声里蕴含着的温柔（触觉）、芳香（嗅觉）、醇厚（味觉），还有微风拂琴的灵动（听觉）、落英戏水的轻盈（视觉）。诗人文士的神奇想象，驱使着人们的听觉、嗅觉、味觉、视觉、触觉等多种感觉的互相交融，汇聚整合出流光溢彩的艺术形象和撩人情思的审美境界。因此，我们可以说通感是一种诗性的概念融合，或者说通感是一种概念融合的诗境升华。

当代作家莫言更是运用通感的好手：

（18）房子里灰暗了一分钟，潮湿的、浅黄色的阳光就从门缝里挤进来。（莫言《球状闪电》）

（19）瘦老头的叫声弹性丰富，尖上拔尖，起初还有间隔，后来竟连成一片。（莫言《球状闪电》）

（20）刘大号对着天空吹喇叭，暗红色的声音碰得高粱棵子索索打抖。（莫言《红高粱》）

这些都是通感、移觉的神来之笔！如此得心应手、适情切景地使用通感手法，不由得让人感叹：诺奖名下无虚士！

『艺画』与『术画』——关于宋代绘画的思考

北京大学艺术学院　李松

【内容提要】

本文讨论了三个问题：一、通过宋代郭若虚对"艺画"与"术画"的区分，可以看出宋人对画家能否进入艺术史的判断标准；二、宋代开始兴起的四个绘画范式，从《西园雅集图》《清明上河图》等画题的流行与后延，揭示宋代绘画貌似写实而实为理想性的一面；三、宋代绘画的九个特征：从色彩、墓葬艺术、山水与花鸟画、人物画、画家署名与诗书入画、宗教艺术、复古潮、画史画论、画院制度这九个方面概述其时代特色。尤其以苏轼的画论为例，揭示主流文人的价值观，其中许多论述对当代文化建设有积极意义。

作者介绍

　　李松，笔名李凇，北京大学艺术学院教授、北京大学博雅特聘教授、博士生导师、元培学院导师。2004—2014年任北京大学美术学系主任。主要从事中国美术史教学与研究。主要著作有《中国道教美术史》《陕西佛教艺术》等，个人论文专集有《长安艺术与宗教文明》《神圣图像》《图说新语》。2009年获首届中国美术界最高奖"中国美术奖·理论评论奖"。2014年获"北京大学第十二届人文社会科学研究优秀成果奖"一等奖。曾三次获得北京大学"教学优秀奖"。曾任德国海德堡大学东亚艺术史研究所讲座教授。

一、"艺"与"术"

谁有资格进入画史？北宋郭若虚在《图画见闻志》末尾举例讲述了他的选人原则。他把画分成两种，一种叫"艺画"，一种叫"术画"。我们今天说的"艺术"，郭若虚把它拆成"艺"和"术"。对于绘画，他显然强调的是"艺画"，要贬的是"术画"。他讲过一个五代孟蜀时期的故事，原文是："昔者孟蜀有一术士，称善画。蜀主遂令于庭之东隅画野鹊一只，俄有众禽集而噪之。次令黄筌于庭之西隅画野鹊一只，则无有集禽之噪。蜀主以故问筌，对曰：'臣所画者，艺画也；彼所画者，术画也。是乃有噪禽之异。'蜀主然之。"[①]

大意是，五代孟蜀时期，有一个术士，自称善于画画，他的画的特点就是画得非常逼真，所谓的"超级写实"这样一种手法。孟蜀国主知道后，就把这位术士叫来，让他在宫廷东边角落的墙上画一只鸟，画的大概是喜鹊这一类的鸟。画完以后，即刻产生了一个惊人的效果：众多真鸟被吸引飞来了，跟画上的鸟互动，他用了一个"噪"字，"众禽集而噪之"。在场的人大为赞叹。然后蜀主又把画家黄筌叫来了，黄筌是五代时期最有名的画家之一，他现在还有一幅画《写生珍禽图》藏在故宫博物院。蜀主要黄筌在刚才画作对应位置的墙面（西隅）画一只鸟，看一看效果。众所周知，黄筌画的鸟本来就很写实，故宫藏的《写生珍禽图》画得像标本一样，让我们见识了千年以前的写实功夫。可当时黄筌画完鸟后的结果是：并没有真鸟飞过来。蜀主问黄筌怎么回事：一个名不见经传

---

① （宋）郭若虚《图画见闻志》卷六。收入于安澜编《画史丛书》第一册，上海人民美术出版社1962年版，第94页。

的民间画手画了一只鸟，尚且可以引来真鸟与之互动，大家都说好，你画的鸟怎么没有鸟飞过来互动呢？黄筌回答说"臣所画者，艺画也；彼所画者，术画也。是乃有噪禽之异"。蜀主一下子就理解了，原来并不是越逼真越好，而是需要一个合适的尺度。技术性的东西并不是绘画的最高要求。郭若虚以此为例，把画分成两类，一类突出"术"，一类强调"艺"。郭若虚还举了一些例子强调他的观点：宋代初期有一个叫陆希直的道士，每画一枝花，很多蜜蜂就飞过来，围绕这枝花转；而那些著名的画花的画家们像黄筌、徐熙，画的花却没有招来蜜蜂。郭若虚说，这难道不是"眩惑取功、沽名乱艺"吗？这样的画者不能写入画史。（"此抑非眩惑取功、沽名乱艺者乎？至于野人腾壁，美女下墙，映五彩于水中，起双龙于雾外，皆出方术怪诞，推之画法阙如也，故不录。"①）这些以"眩惑取功"为特征的技法，画法里面都不会讨论，所以郭若虚看重的是画法（画理）的问题。

二、宋代绘画的四个范式：世俗写实还是理想化？

通常宋代绘画被看作是中国绘画史上最为写实的阶段。如《清明上河图》等常被作为范例。果真如此吗？

下面我们重点说一说四幅画，即《西园雅集图》《清明上河图》《辋川图》和《莲社图》。这四幅宋画基本上都发端于北宋，后来不断有人反复画，逐渐形成了一种模式，一种图式。

第一个是《西园雅集图》（图1）。《西园雅集图》可能始于北宋，内容表现的是苏轼、黄庭坚、米芾等十六个人在王诜的西园雅集（从事作诗、作画、谈佛论道等活动）。这个题材后来历代画家也在反复画。传说此画是从李公麟开始的，李公麟就是雅集的参

① （宋）郭若虚《图画见闻志》，同上。

图1 宋 刘松年（传）《西园雅集图》（局部）

加者之一，他的画可以说就是在场记录，或者是事后的回忆，如果我们相信这画作（以及米芾的题跋）所描述的都是事实的话。但是后来我们看到不停有人在质疑，尤其是1968年，有一个美国学者专门写了一篇文章，说《西园雅集图》是一个假的宋画，宋代人不会这么画，这是明代人编的一个故事。该学者把这些参加聚会的十六人在开封任职的时间和停留的时间都算了一遍，说这十六人不可能同一时间在开封，所以这幅画里所描绘的场景不是事实。该文由包伟民译，洪再辛收入他编选的《海外中国画研究文选》（1950—1987）①中，显然在译者和编选者看来，这是一篇西方学者的有分量的论文。后来当然有很多的中国学者驳斥该学者，认为她不了解中国绘画的创作过程，不了解中国绘画的特殊的图像逻辑。它不是照相，不是一种客观写实的事件报道，不是新闻报道，不是印象派的现场写生。也许，这种思维方式反映了西方学者对中国文化的一种

---

① （美）梁庄爱论撰《理想还是现实——"西园雅集"和〈西园雅集图〉考》，包伟民译。载洪再辛编选《海外中国画研究文选》（1950—1987），上海人民美术出版社1992年版，第211—231页。

隔膜。

《西园雅集图》所画的到底是什么呢？要说那幅画始于李公麟，实际上谁也没见过李公麟画的真迹，或者说现在我们也不知道李公麟到底画没画过这幅画，暂且不管它，但是之后的作品我们是比较相信的。从南宋、明代、清代，一直到民国时期，石涛、张大千他们都画过这个画题，为什么会有人反复画《西园雅集图》？这幅画看起来就是朋友圈的日常聚会，很世俗的日常活动，但是它表现的是一个理想，一个理想的朋友圈，具有全面才艺的人群。对文化人全面素质的要求，当然不能在某一个人身上全部体现出来，每个人都有自己的强项，都不一样，但是众人的强项集合起来，就变成了全面的人文素质。所以这幅画表现的是理想的朋友圈，是历代文人都羡慕的一种朋友圈。

还有一幅画就是《清明上河图》。这个画显然是从北宋开始画的，后来也是有人反复地画，现存的《清明上河图》就有几十张不同时代的，尤其是明清时期，不断地有人反复画《清明上河图》。北京故宫与台北故宫都将这些不同时期的画作集合起来举办过专题展览。为什么画家们要反复画呢？除了有的可能是假冒宋画以牟利外，大部分都是标明了明清作者的，并没有假冒宋画。后来画的都跟早先开封城没什么关系了，比如仇英画的其实是苏州。而且这些《清明上河图》的地理特征都不是太强，包括张择端的《清明上河图》，也没有很强的地理信息和城市的特色，后来有的学者给它找对应的地理位置信息，有一些勉强、似是而非。我想，它所表达的是一种理想的城市生活、理想的世俗生活、理想的商业圈。一个城市的商业圈，集聚各种店铺，这些大大小小的店铺应该怎么分布，应该卖什么东西，它表现的是一个"应该"存在的东西。如果说《西园雅集图》是应该存在的一个文人朋友圈，那么《清明上河图》就是应该存在的一个商业城市。比较各种版本的《清明上河图》，北宋的似乎确实是最俗的了，等于是你出门目见的一切，把它如实地画下来，上面几乎都是中下层的百姓，社会上最普通的人，包括他们的日常生活。明代以后越来越理想化，尤其是画面后端的龙舟与宫殿场景，比照的是仙境。它是一个在世俗商业城市基础上形成的理想的城市图。这是第二个理想图。

图2　宋　郭忠恕（传）《辋川图》（局部）

第三个理想图是《辋川图》（图2）。《辋川图》也是历代都有人反复画，号称是从王维开始的，但是王维的《辋川图》谁都没见过。我们现在知道的也就是从宋代开始的。宋代人说王维居住的地方是辋川，然后就反复画终南山下的辋川那个地方，当然宋人跟清人画的都不一样。实际上画面跟实地也是很不一样的。许多《辋川图》都逐一标上山峰名，但比对得非常勉强，这些山水画图像与实景在视觉上几乎没有相似性，只是一种地图意义上的位置关系。实际上《辋川图》不是一个实景的写生。宋代的画还可以说有某种程度的对应性，但宋代以后的《辋川图》作者，几乎没有人去过辋川那个地方，只是延续一种"画题"而已。明代万历四十五年（1617），沈国华在一篇《辋川图》的跋语中写道："癸丑冬余承乏来蓝田，索图而观，……与山川真景绝不相肖。私衷讶之。"图与景绝不相类，使他惊讶，他甚至怀疑自己拿到的《辋川图》不是原本。

　　我也去过辋川，我还仔细在那里拍过很多照片，想看附近的河是什么样，附近的山是什么样。那个地方实际上非常荒凉，到现在都不是一个旅游热点，只有一棵银杏树，据称是王维所植。我是夏天去的，当时河里的水都很浅，不可能像流行的《辋川图》画的那样有大船航行。因此画家是在画一种理想的状态，什么样的理想状态呢？除了符合堪舆的标准外（左青龙、右白虎、前朱雀、后玄武），主要描绘的是人和山川自然的理想关系。一个儒生或隐士，一个生活上不太艰难的文人，寻找一个理想的山川，将自己的生命依托其中。画家画的是一种人对自然的终极依托，辋川"应该"是这个样子！所以他们画的是"应该"的场景，而不是实际的王维辋川别墅的样子。

　　第四个图是《莲社图》，这也是号称从宋代李公麟开始画，但是现在谁也没见过李公麟的原件，南京市博物馆的一件或许与李公麟有些关系（图3）。从北宋末年开始，就不断有人反复画《莲社图》了。画作描绘的是东晋僧人慧远和东林十八高贤在庐山东林寺建莲社，提倡"弥陀净土法门"的场景。但一般构图是以慧远法师会见道教

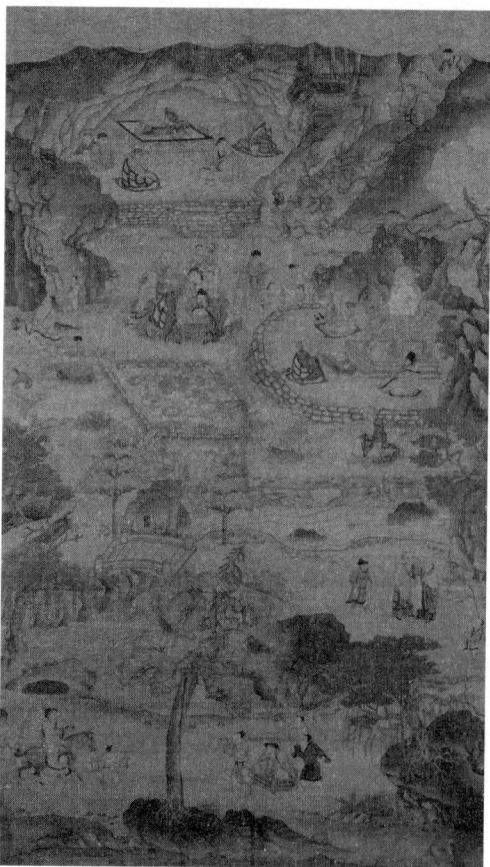

图3　宋　李公麟《莲社图》

首领陆修静（及陶渊明来访）为画面开端，以东林寺为场景，描述不同宗教信仰的人如何和谐相处的一个故事。后来逐渐简化演变为《虎溪三笑图》，略去了众僧人与礼佛场面，慧远、陆修静、陶渊明站在溪水边畅快大笑，代表释、道、儒的三人成为核心。

我们注意到南宋的时候已经有人在考证该事不可能发生，楼钥在《攻媿集》中引用赵彦通的观点并考证道：

> 远公卒于晋义熙之十二年丙辰（416），年八十三，……修静卒于宋明帝元徽五年丙辰（477），去远公之亡正一甲子，而修静年七十有二，推而上之，生于义熙之三年丁未（407），远之亡，修静才十岁，况修静宋元嘉末（453）始来庐山，远之亡已三十余年，渊明之亡亦二十余年矣。渊明生于晋兴宁之乙丑（365），少远公三十一岁，卒于元嘉之四年丁卯（427），远亡时渊明年已五十矣，固宜相从。姑志之以示好事者。[1]

简言之，慧远去世时，陆修静才十岁，这三个人不可能相聚，他们年龄相差太大，不可能活跃于同一时期。南宋人已经考察得非常清楚了，可是到了元代，到了明代，到了清代，一直到民国，没人理会这个考证，大家继续画，为什么继续画？因为画的不是一个确切存在的历史事实，画中的人物是"应该"碰到一起而不是必然碰在一起的。是一个什么样的"应该"呢？是不同信仰的人"应该"和谐地相处在一起。

我想到以上四幅画作，看起来是非常日常的世俗"真实"生活，但作者真正想表现的是理想的才艺人群朋友圈，理想的商业城市生活，理想的人与山川的和谐，理想的不同信仰的人和谐相处

---

[1]（宋）楼钥撰《攻媿集》卷七十七。王云五主编《丛书集成初编》，商务印书馆1959年版，第1055页。

的方式。这都是在理想和世俗之间的大转换，看似表现的都是非常"真实"的场面，但实际上这些场景都是不存在的，经不起文献考证或现实比对。都是一代一代人，在一千多年里，不断转化，不断描绘，不断新编，创作的貌似"写实"、实为虚拟的理想。

三、宋代绘画艺术的九个特征

下面我们大略地说一说宋代绘画艺术的特征。有两个比较的框架，一个是时间的、纵向的比较，跟前面的唐代和后面的元代、明代比；一个是空间的、横向的比较，跟同时期的辽、金、西夏进行比较。这样比较后就会看出一些特色，我大致梳理了九个方面的特点，大略就是宋代绘画艺术比较独具的，是前面唐代没有的，后面的元明清也不太具备的特色，或者说是从宋代开始兴起的、后面有所继承或者有所发展的特点。

第一是关于色彩的特点。我们看到唐代的陶瓷和宋代的陶瓷就是两个色调，唐代的典型陶器是三彩釉，就是华美、饱满、灿烂、五色斑斓，而宋代的就是青白釉，上面甚至连图案都比较少见，非常素雅。我再举个例子，我们到敦煌去参观，你看一下敦煌洞窟壁画的风格，很多洞窟是没有纪年的，但是你一看色调就知道是唐代还是宋代的。当你进入唐代洞窟的时候，虽然过了一千多年，色彩都变淡了，但是还是能看到它原来的基础，大红大绿，非常灿烂。而宋代的就会比较淡雅。这就是宋代文人整体趣味的渗透，或者说体现整个社会的一种审美趣味，与唐代色彩面貌相比，是整体性的一种大变化。南宋陈与义在《和张规臣水墨梅五绝》中的诗句"意足不求颜色似，前身相马九方皋"就比较典型地表达了这种观点。

第二是关于墓葬艺术的特点，这是很世俗的一面。宋代的墓（包括金代的墓）都有墓主人像，正襟危坐于墓室正壁，有些还有家族的其他成员的像；而唐代的墓几乎都没有墓主人像。墓主人像一般有两种形式，一种是雕塑的形式，一种是绘画的形式。雕塑的形式出现比较早，从五代王建那个时候就开始了，最初是做石雕，后来也有做木雕的，再后来我们看到还有一些宋代的道士、辽代的僧人，也把自己的像放在墓里面，这种情况在唐代是绝对没有的。再拿南方的宋和北方的金进行比较，我们会发现金代很多墓葬里面都会出现一些高浮雕，一些非常逼真的仿建筑的斗拱式设计；而在唐代的墓室里，只有平面的画，逼不逼真无所谓，南宋也是。可是我们在金代的墓里面，尤其在山西（以及河南洛阳）附近，看到一个黄河中游的世俗文化圈，通常墓主人夫妇坐在中间，周围环境被模拟得非常逼真，还有一些非常豪华的斗拱等，墓室壁画的题材也常常是二十四孝。联系到画面上的作者开始署名，或可看作是"人性"的张扬。

第三是山水与花鸟画的特点。山水与花鸟画在唐代虽有了一些初步的发展，但真正兴盛是在宋代。到了宋代，我们看到绘画题材三分天下：人物画、山水画和花鸟画。尤其是宋徽宗的时期，花鸟画更是得到了充分的发展。《宣和画谱》专门开辟一节论说花鸟画。这方面的论述很多，在此就不深入讨论了。

第四是人物画方面的特点。人物画在宋代当然还在继续发展，可是画的很多都是历史故事，叫"故实图"。如《宣和画谱》有："（杜）庭睦复喜写故实，画《明皇斫脍图》，人物品流，见之风神气骨间。"[1]还有很多画家虽然是宫廷画家，却多画平民。他们画的平民不是一般的市民，而是社会底层的贫民，甚至是残疾人。画贫民，画病人，画盲人，画给谁看？社会的需求在哪里？这也是其他朝代不多见的。或者可沿着这个思路对宋人艺术追求作进一步的

① （宋）佚名《宣和画谱》卷六。收入于安澜编《画史丛书》第二册，上海人民美术出版社1962年版，第64页。

思考。

第五是画家开始署名了。画家是从什么时候开始在画作上署名的呢？现有的资料表明，从宋代开始，不仅要署名，还得给画作起题目。从宋代开始，这张画该叫什么，由画家来命名，以前是收藏者将画名写在卷轴外面的画签上，现在是画家写在画内。当然，我们在西安碑林的宋初期石碑上也看到了类似的变化，某些有图像的碑文中出现了画者的姓名、刻碑文者的姓名（如968年为京兆府国子监造《佛道图文碑》）。还有更重要的是诗入画。诗作有两种入画的方式：一种是软的，一种是硬的。软的是画面体现诗意；硬的是直接把诗抄在画上，同时也可以体现作者的书法风貌，强调了诗、画、书一体。比较集中的还是宋徽宗的一批绘画，许多都书有"御制""御画""御书"，如《祥龙石》图卷。这种方式之前从来没有过，后来蔚为大观，是从宋代开始的。

第六是宗教艺术。佛教艺术世俗化，大量出现罗汉形象，这种情况大约出现在晚唐，或与会昌毁佛有关系。罗汉的相貌，逐渐世俗化和个性化，甚至不断地方化，如大足一带的宋代石窟。还有道教，道教的神系图像，不再追随佛教，开始系统化和网络化。以前的道教神系并不能连成一个完整的网络，但是从宋代开始，一个非常清晰的网络产生了——由单独的老君与天尊，到三清并列，再到四御相辅、四圣相护，再到辅助的雷神等。

第七是复古收藏，然后是仿制。这个在唐代或者以前也是没有的。士大夫贵族盛行收藏，并对藏品进行仿制，这也是从宋代开始的。我们现在看到的某些铜器，有人说是汉代或唐代的，其实是宋代人做的，还有用陶瓷仿制铜器的。还有大同小异的改制，既有历史感又有时代感。宋人喜欢做这些事情，后来明代、清代的人也开始学。

第八是画史、画论在宋代开始迅速增加，大大超过以前。画史、画论主要有两类人撰写，一类是比较专业的人士，像郭熙、郭若虚、韩拙等，他们主要以写画史和专业的画论为主。再一种就是非绘画专业的文人，像苏轼、米芾、沈括这样的人，他们写了大量的自己对于绘画的理解。如苏轼关于画论和文论的题跋很多，虽然他没有一篇关于画作完整的体系性的论述，而是都写在那些画跋或者诗、序里，但这些小片段收集起来就蔚为可观了。给人的感觉是，苏轼几乎无时无刻不在思考这些问题，这构成了前所未有的艺术理论的宝库。

第九是画院制度。大约从五代时开始，在成都和南京就有官办画院的初步尝试，十分成功。而在唐代时，还几乎不能确认有正式的职业宫廷画家以及与宋代的宫廷画院相同的制度。宋代这种专业画院的制度，尤其到徽宗时期走向成熟，包括招生制度、考试方式、作画的标准、录用要求等，形成了一个教育体系和宫廷艺术体系。这个是以前从来没有过的。画院的人在宫廷中受到特别的礼遇，如邓椿《画继》所说："本朝旧制，凡以艺进者，虽服绯紫，不得佩鱼，政宣间独许书画院出职人佩鱼，此异数也。又诸待诏每立班，则画院为首，书院次之。如琴院、棋、玉、百工皆在下。"[1]

我们现在讨论的很多问题，宋代人也一直在讨论，尤其他们谈到了一些非常具有前瞻性的问题，像苏轼论画，说到"常形"和"常理"的问题："常形之失，人皆知之；常理之不当，虽晓画者有不知。故凡可以欺世而取名者，必托于无常形者也。"（《净因院画记》）似乎含有对某些当代艺术家的嘲讽。再就是他讨论"形"与"意"的问题，他在比较吴道子和王维的时候，一会儿说王维画得非常好，一会儿说吴道子比他强，关于这两个人他很犹豫，在不同的场合他说的不太一样，显然是认为他们两个各有所

---

[1]（宋）邓椿《画继》卷十。收入于安澜编《画史丛书》第一册，上海人民美术出版社1962年版，第77页。

长。他还谈到了人类知识体系的建立，从古以来是逐渐累积性的发展，到唐代的时候达到了高峰，包括书和画："智者创物，能者述焉，非一人而成也。君子之于学，百工之于技，自三代历汉至唐而备矣。故诗至于杜子美，文至于韩退之，书至于颜鲁公，画至于吴道子，而古今之变，天下之能事毕矣。"而赞扬吴道子的话"出新意于法度之中，寄妙理于豪放之外"（《书吴道子画后》），简直就是艺术箴言。此外，他还有一个很重要的观点，是关于德、文、诗、书、画的关系："诗不能尽，溢而为书，变而为画。"（《与可画竹赞》）这是他在文同（文与可）一幅竹子画作上的跋（图

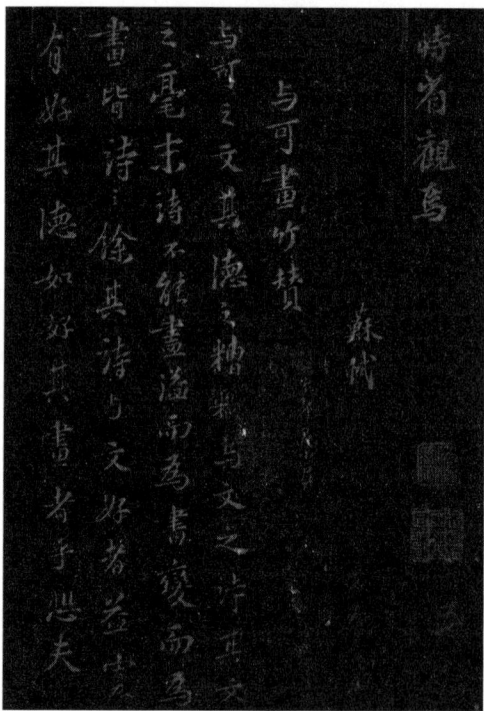

图4　宋　苏轼《与可画竹赞》拓本

4）。朋友拿来画作请他题跋，他就比较幽默地写了这样一段跋，说你们怎么会喜欢文同的画？真是奇怪了。他说，文同的诗文比他的画要好得多，接着又说，他的文比他的诗要好得多，但跟他的德比起来，他的文简直就是糟粕。怎么没见有人歌颂他的德，也没人提起他的文，反而这么抬举他的画呢？他以这种发牢骚的诗文形式，体现了宋代文人非常坚定的一种价值观。

中国神话世界观

北京大学中文系　陈泳超

【内容提要】

　　本讲座首先简要介绍神话学界的基本知识，然后重点讲述中国神话中对于世界的想象，其中包括"对客观世界的解释""超验世界的设置"以及"近世俗民的信仰世界"三个部分，以此总览中国传统社会对于经验与超验世界的基本框定，为认知神话的美学意蕴和实践功能，提供一个观照平台。

作者介绍

陈泳超，北京大学中文系教授、博士生导师，兼任中国民俗学会副会长、中国俗文学学会副会长等职。主要从事民间文学和民俗学的研究。出版专著《尧舜传说研究》《中国民间文学研究的现代轨辙》《背过身去的大娘娘：地方民间传说生息的动力学研究》《声教所及》《白茆山歌的现代传承史：以"革命"为标杆》等。

在进入正题之前，我先简单介绍一下关于神话和神话学的基本知识。

首先，"神话"作为一个中文词语，在古籍里能偶尔看到，但作为现代学术概念，一般认为是对英语Myth的中文翻译，意思是对具有某种神性存在的传说。这个英语单词更早的源头是希腊文Mythos，本义是传说或故事。这一名词不是直接从欧洲翻译过来的，而是从日本传来的。大约在19世纪末、20世纪初，一批通过日本了解欧洲思想文化的先觉者如章太炎、梁启超、蒋观云等，不约而同地在自己的文章中引入这一名词，之后被文化界广泛使用，甚至逐渐形成一门专门的学问即"神话学"（Mythology）。

那么，什么是神话呢？这个概念乍一看很好理解，但要给出确切的解释又非常困难，至今学术界还没有一个公认的定义，这恰恰说明神话是一个涵括性很强的概念，就和文学、文化这样的名词一样，你凭直觉能懂个大概，但谁也给不出一个让大家信服的定义，因为它们的涉及面非常广。

在中国的研究界，通常将神话概念分为广义和狭义两种。广义的神话指的是社会中的一切神性叙述，像后世《封神演义》《西游记》这样的神魔叙事小说，都可以视为神话；而狭义神话则专指初民社会中的神性叙述，仅限于人类文明的初始阶段。相对而言，狭义的神话概念是更核心也是认可度更高的神话概念。为了帮助大家理解狭义神话的精髓，我们设置了三个指标：

1. 本原主题。神话说的是与整个人类世界相关联的话题，譬如天地开辟、人类起源、万物生长，乃至部族迁徙，等等，都涉及世界的根本问题。神话要解释的是我们现在这个世界的秩序是如何形成的。而另一些世俗话题，比如猫为什么要抓老鼠？雷峰塔下面真的压着一条蛇吗？为什么一块长得有点像人的石头叫作"望夫石"？等等，这就不是神话而是传说了。这就引出了下一个指标。

2. 神圣宪章。神话说的都是重要话题，本身带有相当程度的神圣性，甚至被族群的全体成员所信奉，因而成为指导社会生活的法则，这也是英国人类学家马林诺夫斯基所谓的宪章功能。同样一个造人的话题，我们知道中国古代神话中都说是女娲抟黄土造人，或者女娲与伏羲婚配造人，都是带有神圣性的叙事，不容戏谑和挑战。但我们换一种叙事，比如在一个有各种肤色朋友参加的聚会上，有人说出这么一个段子："人是怎么来的呢？是像面包一样在烤箱里烤出来的。放进去的都是白面。有的火候不够，出来还是白色，就是白种人；有的烤焦了，出来就是黑种人；有的火候恰到好处，不生不焦，就是黄种人。"在场的人听后，会觉得很风趣，然后哈哈一笑。大家都知道是在开玩笑，而且显然是黄种人编的，也没有任何种族歧视的色彩，谁也不当真。但这是笑话，不是神话，因为毫无神圣性。

3. 原始思维。神话还有一个特点是充满了原始思维。20世纪许多人类学家反复证明了原始思维和理性思维是人类两种不同的思维类型，相互之间没有高下之分；两种思维类型也并不说明人类社会是从落后到先进的进化过程，只是相对而言，古代更多的是原始思维，现代社会理性思维更占优势罢了。我们平心静气地想一想，现代社会不也有许多不合理性的思维方式吗？比如许愿还愿、祝福祈祷等，都无法用科学去说明。神话当然充满了原始思维，因此瑰丽奔放。但有人偏要用理性精神去质疑。比如后羿射日的神话流传久远，而在东汉，有一位叫王充的思想家写了一本《论衡》，他就对这个神话进行辩驳：人们射箭最多百步左右，百步穿杨嘛，而太阳离我们有万里远，怎能射得到呢？即便能射到，你用箭射地上的一个火炬，射中了也灭不了火，而太阳是天上的一个大火球，怎么可能射灭呢？王老先生的话都对，但当这样用理性精神来审视神话的时候，也预示着神话时代的结束。所以一般而言，中国的古典神话资料最晚取自汉代，再往后就很难说是真正意义上的神话了。不过，神话作为人类的精神产物，其元素和底蕴永远不灭，在后世文艺创作方面尤其受到推崇，大家看近现代许多浪漫主义作品，乃至当代那些玄幻影视剧，不都特别看重原始思维中那种超越现实、脑洞大开的想象力吗？

那么，狭义的神话到底包含哪些内容呢？我们说，神话是早期文明社会的百科全书，几乎无所不包，所以关于神话的分类也很多。这里只用最简便的方法将神话题材分为三个方面：其一是起源神话，或者叫作创世神话，包括宇宙的起源、人类的起源和天地间各种自然现象（如刮风、下雨、打雷、四季的变化等）的起源，也就是世界秩序的形成过程。有意思的是，在全世界诸多民族神话中，都提到现在的这个世界并非一开始就这样，当中经历过毁灭和再创造，而毁灭的原因大多指向洪水。如《圣经》中的诺亚方舟即是此类，中国的大禹治水也是创世神话的一个亚类型。其二是神灵谱系及其事迹。这是神话叙事的主要部分，我们只要想一想居住在奥林匹斯山上、以宙斯为首的众神有怎样的来龙去脉，又有怎样多姿多彩的故事就可以明白了。其三是英雄神话。这一类英雄不是后世的凡人英雄，而是天生具有神性，或者是半人半神、半人半兽，比如希腊神话中的大力神赫拉克勒斯，中国神话中涿鹿之战里的黄帝和蚩尤等。当然，除了战争英雄之外，此类神话中还包含大量的文化英雄，包括本族的始祖，各种文明、制度的发明者，比如发明火的燧人氏、发明住房的有巢氏、发明文字的仓颉等。

有了这些对神话最基本的认知，我们可以开始进入今天的话题了。不过首先要说明的是，以上的定义、分类，主要针对狭义的神话而言，而今天我们这个话题，虽然以狭义神话为主，但也会适当延伸到神话时代之后的广义神话，目的是让远古神话与我们现在可以感知的世界发生更多的联系。而所谓广义神话，袁珂先生在《从狭义的神话到广义的神话》一文中认为，神话包括九个部分：神话（一望而知是神话的神话）；传说；历史（神化了的历史和历史化的神话）；仙话；怪异（怪迁变异之谈）；带有童话意味的民间传说；源自佛经的神话人物和神话故事；关于节日、法术、宝物和地方风物等的神话传说；少数民族的神话传说。

下面正式讨论中国神话世界观。

一、对客观世界的解释

这里我们主要介绍关于天地开辟及社会秩序的神话。

关于开天辟地，我们现在熟知的是盘古神话。其实关于盘古神话的记载出现得非常晚，大概要到东汉后期，已是我们认为的神话时代的末期了。之前不是没有过类似的神话，但是非常零散，几乎没有叙事样态，所以并不为人们所关注。关于盘古神话，目前可见最早的比较完整的记录，是三国时期吴国文人徐整的《三五历记》一书，里面是这样描绘盘古开辟天地的：

> 天地浑沌如鸡子，盘古生其中。万八千岁，天地开辟，阳清为天，阴浊为地。盘古在其中，一日九变，神于天，圣于地。天日高一丈，地日厚一丈，盘古日长一丈。如此万八千岁，天数极高，地数极深，盘古极长。故天去地几万里。

可见最开始，整个宇宙就像一个混沌的鸡蛋，盘古就是里面的蛋黄，后来不知道什么原因，天地开始分离了。天每天长高一丈，地每天加厚一丈，盘古也每天长一丈。这样一共长了一万八千年。

大家可以去计算一下天与地之间到底相隔多远了吧！其实这只是一个虚数，真正的意思是为了证明天极高、地极厚。但这还只是说明了天地分离，那分离后的世界秩序是怎样的呢？南朝梁的文人任昉《述异记》中说：

> 昔盘古氏之死也，头为四岳，目为日月，脂膏为江河，毛发为草木。秦汉间俗说：盘古氏头为东岳，腹为中岳，左臂为南岳，右臂为北岳，足为西岳。先儒说：盘古氏泣为江河，气为风，声为雷，目瞳为电。古说：盘古氏喜为晴，怒为阴。吴楚间说：盘古氏夫妻，阴阳之始也。今南海有盘古氏墓，亘三百余里。俗云后人追葬盘古之魂也。桂林有盘古氏庙，今人祝祀。南海中盘古国，今人皆以盘古为姓。昉按：盘古氏，天地万物之祖也，然则生物始于盘古。

这条记载到底是不是南朝任昉的原文，以及这样的叙说到底是中国本土的观念还是来自印度的外来文化，目前学术界还有许多争论，我们暂且不去管它。至少作为"元人"的盘古，他死后化生万物的种种说法，从中古后是广为流传的，而且如何化生还有诸多不同的说法：有的说头是四岳，两眼是日月，脂肪为江河，毛发成草木；有的说盘古哭泣是江河，气息为风，声音成雷，眼睛是闪电……以至于在中国的许多地方都有盘古的纪念性遗迹。

对于世界万物起源的类似解释，我们也许会嘲笑它的幼稚，但其实它是很认真的，不仅有外在的直观感受，还有其内在的理性逻辑。比如，硬的变成硬的，软的变成软的，液体变成液体，气体变成气体……如果以人的生长为比喻，神话时代就相当于人类的童年，懵懂初开，似懂非懂，这个年龄段最爱问各种问题，最常见的就是"我是哪里来的？"神话只是把"我"换成了"我们"，并以刚开化的智力想出了在当时来说可能是最合理的解释。今天我们看来，与其说是可笑，不如说是可爱。尤其是我们如果怀想一下远古时代物质的匮乏和生存的艰难，或许更应该觉得可敬才对！

不光是宏大的图景，中国早期神话中，还有对天地秩序更清晰的描摹，我们来抄录几段古籍中关于天地和太阳运行的记载：

> 东南海之外，甘水之间，有羲和之国。有女子名曰羲和，方浴日于甘渊。羲和者，帝俊之妻，生十日。（《山海经·大荒南经》）
>
> 汤谷上有扶桑，十日所浴，在黑齿北，居水中，有大木，九日居下枝，一日居上枝。（《山海经·海外东经》）
>
> 望崦嵫而勿迫。王逸注："崦嵫，日所入山也，下有蒙水，水中有虞渊。"（《楚辞·离骚》）

先秦古籍中相关的记载有很多，有些还互相矛盾，没有一个完整、固定的全景。我这里选择几条予以拼接（不同的材料可以拼接出多种景象），并让人画了一个简单的示意图（图1），这样就很好理解了。

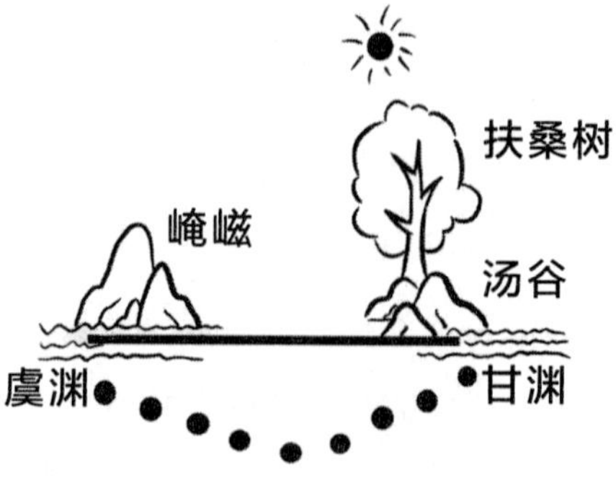

图1　扶桑示意图（郑芩手绘）

神话里说，远古的时候，太阳的妈妈叫羲和，她生了十个太阳。在东南方很远的地方有一片水域叫甘渊，那里有一座山叫作汤谷，汤谷上长了一棵参天大树，叫作扶桑树。那十个太阳要轮流每天到天上去值班的。每天早晨，妈妈羲和就把轮到值日的小太阳抱出来，放在甘渊里洗洗干净，送上天去，因此早晨出来的太阳总是比较明亮洁净。太阳在天空运行一天，到傍晚的时候就从最西边的崦嵫山落下去，一直落到地下的虞渊，原来大地下面全是水。值班的太阳劳累了一天，也该去泡个澡好好休息一下了。接下来是另外九个太阳兄弟轮流去值日。就这样，干一天歇九天，就像保龄球的球道一般很有秩序。后来不是乱了吗？十个兄弟同时上去了，大地都被烤焦了，人哪里受得了？于是一个半神半人的英雄后羿才挺身而出，去射日的。

我们再来看看天与地之间的秩序，仅举一例：

> 昔者，共工与颛顼争为帝，怒而触不周之山。天柱折，地维绝。天倾西北，故日月星辰移焉；地不满东南，故水潦尘埃归焉。（《淮南子·天文训》）

按照神话的思维，天之所以不会掉下来，是因为有八根巨大的柱子撑着。有段时间，颛顼与共工为了争夺天帝之位打了起来。共工大概是打不过颛顼，发起怒来，一头撞向不周山。这个不周山，正是西北方向的那一根擎天柱。这下不得了，天开始向西北方向倾斜，同时大地也受到影响，东南方向塌陷下去了。从此以后，天上的日月星辰都往西移动，地上的江河之水都往东流，所谓一江春水向东流。我们现在当然知道星辰运动是地球自转造成的，古人虽然并未概括出中国大地的三级地貌，但他们老早就和我们一样，感知到地势的西高东低。他们用奔放的想象力将天与地之间的物理运动进行了贯通的解说，不是非常值得我们钦佩吗？

二、超验世界的设置

李白在《将进酒》中脱口而出："君不见黄河之水天上来，奔流到海不复回。"这豪放的诗句，表现出了中国西高东低的地貌。如上所说，从诗句中的黄河西边上至于天这样超现实的设想来看，它不只是个人的浪漫想象，里面还蕴藏着更多的神话世界观。

翻看先秦两汉的典籍，我们会发现，除了我们实际居住其间可以直观感受的客观世界之外，我们的祖先还分别在大地的东西两边各创造了一个神奇的超验世界：西边是可以齐天的昆仑神山，东边则是缥缈无际的蓬莱仙岛。从上古开始，就构成了两个人为创造的极乐世界。让我们来观摩一下吧。

关于昆仑山，我们先抄录几段早期文献的记载：

> 海内昆仑之虚，在西北，帝之下都。昆仑之虚，方八百里，高万仞……昆仑南渊深三百仞。开明兽身大类虎而九首，皆人面，东向立昆仑上。（《山海经·海内西经》）

> 西南四百里，曰昆仑之丘，是实惟帝之下都，神陆吾司之。其神状虎身而九尾，人面而虎爪。是神也，司天之九部及帝之囿时。（《山海经·西山经》）

> ……有大山，名曰昆仑之丘。有神，人面虎身，有文有尾，皆白，处之。其下有弱水之渊环之，其外有炎火之山，投物辄然。有人戴胜，虎齿，有豹尾，穴处，名曰西王母。此山万物尽有。（《山海经·大荒西经》）

> 昆仑之丘，或上倍之，是谓凉风之山，登之而不死；或上倍之，是谓悬圃，登之乃灵，能使风雨；或上倍之，乃维上天，登之乃神，是谓太帝之居。（《淮南子·地形训》）

与前述相似，关于昆仑山的古籍记载更是多样繁杂，我们这里仍然只是挑选了几条记载，并据之画出示意图（图2），然后对着示意图进行串讲，让大家对昆仑山的神奇面目有一个粗略印象。

昆仑之墟是天帝在地上的都城，向上可直达天庭。它正如人间的皇宫一样戒备森严，绝不让人轻易靠近。想去昆仑山，可谓困难重重。首先在其外围有一道熊熊火山，投入任何东西都会被烧毁，类似于《西游记》中的火焰山。就算你有本事穿过火山，前面又有一条弱水，据说连鹅毛落上去都会下沉，很像《西游记》里沙僧作怪的流沙河。《西游记》里是这样描写流沙河的："八百流沙界，三千弱水深。鹅毛飘不起，芦花定底沉。"直接就拿"弱水"来比况。假如你有本领渡过弱水，这才算是进入了昆仑山区，但后面的情势仍然很凶险。此山的一个主管神灵叫陆吾，虽然长着人脸，却有着虎身和虎爪，还有九条虎尾；另外还有一个守卫的神灵叫开明，也是虎身人面，而且是九个头，永远有眼睛睁着，不分昼夜地看护神山——一个人就顶一支精悍的护卫大队。请注意，这两个凶悍的神灵均为虎身人面，不禁让我们想起埃及和希

朝发轫于苍梧兮，夕余至乎县圃。
欲少留此灵琐兮，日忽忽其将暮。
吾令羲和弭节兮，望崦嵫而勿迫。
路曼曼其修远兮，吾将上下而求索。
　　　……
吾令帝阍开关兮，倚阊阖而望予。
时暧暧其将罢兮，结幽兰而延伫。

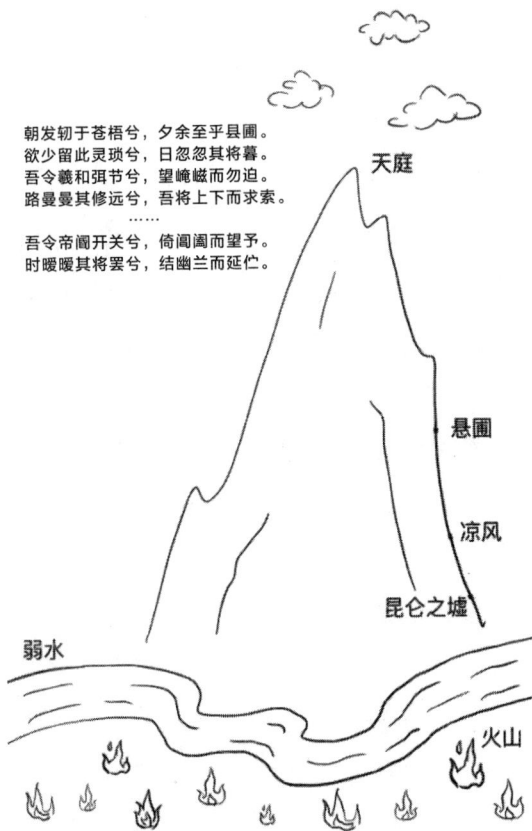

图2　昆仑示意图（郑芩手绘）

腊神话中狮身人面的斯芬克斯。那为什么我们是老虎而他们是狮子呢？很简单，中国本土没有狮子，狮子是后来经国外进贡才被国人所熟知的，我们本土最凶猛的陆地动物就是老虎，所以才有武松打虎这样的英雄行为，却没听说过谁去打狮子，后世最多是到处安放石狮子来象征性地镇守罢了。不管怎么说，古代中国与古希腊、古埃及的神话思维是一致的，都将最厉害的猛兽与最聪明的人头嫁接起来，彰显出智勇双全。

昆仑山高万仞，假如你能成功地躲开这些半人半兽的神灵，往上再攀爬到两万仞的高度，就到了一处叫作"凉风"的宫苑，这个"凉风"也写作"阆风""阆苑"，据说到了这里的人就可以长生不死。《红楼梦》里赞美贾宝玉、林黛玉的诗句"一个是阆苑仙葩，一个是美玉无瑕"，用的就是这个典故。假如你还不满足，继续往上再攀登四万仞，则来到一个叫"悬圃"的地方。所谓"悬圃"，顾名思义就是空中花园。到了这里的人，就能获得许多特异功能和神奇本领。假如你不屈不挠地继续向上再攀登八万仞，就真的可以到达天庭了，这里才是天帝真正的都城。

虽然山路漫长，险象丛生，但还真有人时常上下往来，他们当然不是普通人，主要是那些大巫师，他们被认为是有能力沟通天地信息的奇异之人。还有一个大家熟悉的凡人去过，他就是屈原，当然只是在他自己的浪漫想象之中。在伟大诗篇《离骚》里，屈原写道：

> 朝发轫于苍梧兮，夕余至乎县圃。
> 欲少留此灵琐兮，日忽忽其将暮。
> 吾令羲和弭节兮，望崦嵫而勿迫。
> 路曼曼其修远兮，吾将上下而求索。
> …………
> 吾令帝阍开关兮，倚阊阖而望予。

时暧暧其将罢兮，结幽兰而延伫。

屈原忠君爱国，却遭奸人陷害，不被君王信任，满肚子的冤屈在人间已经无可诉说，于是想着要到神灵那里去告状。他赶到楚国南部的苍梧九嶷一带向当地的最高神灵舜帝控诉了半天，没有得到相应的解决，于是准备去更权威的天帝那里告状。他一早从现在湖南、两广的交界处出发，差不多傍晚时分就赶到大西北昆仑山上的"悬圃"。他本来想在空中花园的门口稍微休整一下的，但眼看太阳就要落山，他担心天一黑天帝要下班，就叫羲和（这里的羲和不是太阳的妈妈，而是为太阳赶车的"日御"）放慢点节奏，别着急让太阳落到崦嵫山下。这些地名我们已经在前一部分介绍过了，可见不虚。屈原紧赶慢赶来到天庭门口，指望还能见到天帝，但还是晚了一步。天庭的看门人只是靠在门框上懒洋洋地看着他，就是不开门。而日光终于消逝，白忙乎一天的屈原，无比沮丧地呆呆站立着，手里还拿着一枝准备献给天帝的幽兰。那些火海和猛兽没有挡住他，挡住他的看上去只是个看门人，其实屈原心中知道，挡住他的是无可抗拒的命运，虽然他仍在奋力抗争着。

说完昆仑山，我们再来看看蓬莱仙岛。

大约从战国时期开始，北方燕国、齐国一带就涌现出许多方士，他们中很多人都说过海外有仙山、上面有不死之药的传说，吸引了很多人的关注，尤其是一些功高盖世的君王，他们已享受了人世间极致的富贵荣华，自然不肯轻易撒手而去，总希望有办法能让自己长生不老。秦始皇、汉武帝这些雄主们都曾派人东入大海企图求仙，结果却是落空了，而那些方士也各有其诡异的说辞。《史记·封禅书》中就说：

三神山者，其传在勃海中，去人不远；患且至，则船风引而去。盖尝有至者，诸仙人及不死之药皆在焉，其物禽兽尽白，而黄金银为宫阙。未至，望之如云。及到，三神山反居水下。临之，风辄引去，终莫能至云。

据说渤海中有三座神仙之山。人们能经常看见它们，但你一旦靠近它们，你的船就会莫名被风吹向远处，而难以登陆。据说曾经有人上去过，上面有各种仙人和不死之药，还有许多珍禽异兽，一律都是白色，不知道是精纯所致，年老所致，还是普遍患有白化病，而宫殿楼台则都是金银所造，充满神奇。三座神山远远望去，就像天边的云彩。可一旦人们靠近，它们又居于水下。想要登陆，立即被风吹走，反正永远别想登临就是了。这一套瞻之在前忽焉在后的说辞，显然是方士们哄骗人主的鬼话，然而秦皇、汉武这些有雄才大略的君主照样被糊弄得欲罢不能，因为他们都有怕死的人性弱点。

这三座神仙之山，即蓬莱、方壶和瀛洲。其实，仙山一开始不是三座而是五座，它们本身还有更加离奇的传说。《列子·汤问》中记载：

渤海之东不知几亿万里，有大壑焉，实惟无底之谷，其下无底，名曰归墟。八纮九野之水，天汉之流，莫不注之，而无增无减焉。其中有五山焉：一曰岱舆，二曰员峤，三曰方壶，四曰瀛洲，五曰蓬莱。其山高下周旋三万里，其顶平处九千里。山之中间相去七万里，以为邻居焉。其上台观皆金玉，其上禽兽皆纯缟，珠玕之树皆丛生，华实皆有滋味，食之皆不老不死。所居之人皆仙圣之种；一日一夕飞相往来者，不可数焉。而五山之根无所连箸，常随潮波上下往还，不得暂峙焉。仙圣毒之，诉之于帝。帝恐流于西极，失群仙圣之居，乃命禺强使巨鳌十五举首而戴之。迭为三番，六万岁一交焉。五山始峙而不动。而龙伯之国有大人，举足不盈数步而暨五山之所，一钓而连六鳌，合负而趣，归其国，灼其骨以数焉。于是岱舆、员峤二山流于北极，沉于大海，仙圣之播迁者巨亿计。帝凭怒，侵减龙伯之国使阨，侵小龙伯之民使短。至伏羲神农时，其国人犹数十丈。

渤海之外有一个巨大的沟壑，极深而无底，名叫归墟，四面八方之水包括天上银河里的水最后都要流到此处，实乃众水所归，而归墟却始终不增不减。其中有五座神山，分别叫作岱舆、员峤、方壶、瀛洲和蓬莱，上面满是仙人仙物，各种生物全都不老不死。不过神山总是被水流冲来荡去颇不稳定，神仙们就向上帝诉苦。于是上帝命令大臣禺强弄了十五只巨鳌来，每三只一组，管一座仙山。先各由一只巨鳌用脑袋托住仙山，每隔六万年轮换一只。这样五座仙山就稳如泰山、不怕风浪了。本来天下好生太平，偏生那时候有一个叫作龙伯国的部族，这是个巨人族。一天，龙伯国巨人闲来无事，到大海中去钓鱼。他三步两步就到这五座仙山边上，一口气钓走了六条巨鳌，而这六条恰是负责托住岱舆、员峤二山的巨鳌。于是这两座仙山失去了依托，就无助地漂泊到北极，最后沉入海底。两座仙山上的众多神仙也被迫像难民一样流离失所。上帝一怒之下，便把龙伯国的人都缩小了，即便如此，到了神农之世，龙伯国的人仍然身高十丈。看来仙人们也有自己的劫数，并非永远逍遥自在、无忧无虑，而关于巨人的想象，也是世界各民族远古神话中的常见题材。我们不妨也为海外仙山的故事画一幅示意图（图3）：

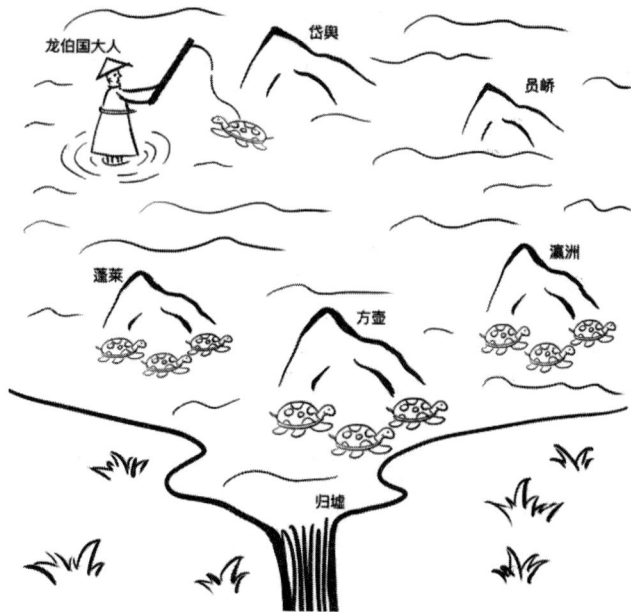

图3　仙山示意图（郑芩手绘）

　　介绍完了这些神仙世界，还有一个超验世界不能忘怀，那就是人死后的去处——冥间。

　　中国远古神话中对于死后世界处理得非常模糊，虽然有一些像"黄泉""幽都"之类的指称，但很难看到较为详细的描摹。《楚辞·招魂》是一篇招魂仪式上的唱词。按照当时的习俗，人死之初魂灵尚未走远，或许还能召唤回来，于是死者的亲人们会拿着死者的衣物爬到屋顶或其他高处，对着东南西北上下各个方位呼唤死者的名字，希望将其走失的灵魂呼唤回来，使死者复活。下面这一篇对下方招魂的歌词中唱道：

　　　　魂兮归来！君无下此幽都些。

　　　　土伯九约，其角觺觺些。

　　　　敦脄血拇，逐人駓駓些。

参目虎首，其身若牛些。

此皆甘人，归来归来！

恐自遗灾些。

据说下面的世界叫"幽都"，其君长是土伯，长得很凶，其壮如牛，一身腱子肉，还长着一个老虎的脑袋，以及尖锐的角和三只眼睛。他最喜欢吃人肉，是一个可怕的怪物。这样的形象，在长沙马王堆一号汉墓出土的帛画中也有表现（图4）：

图4　马王堆一号汉墓T型帛画

这个T型帛画，上面横着的部分，两边有日月，中间是人首蛇身像，显然描绘的是天上世界；在横竖相交的下端，还有两个坐着的天庭看门人；其下一个拄着拐杖的老太太是墓主人；再下面是活着的子孙后代在祭祀；再往下，一道清晰的横线代表地面，下面自然就是地下世界。一个孔武有力的光膀子力士双手向上托举着大地，脚下踩着两条鳌鱼，应该就是类似土伯或禺强的角色吧。文字与图像互相辉映，多少也能闪现出一些来自远古冥界的讯息。

三、近世俗民的信仰世界

介绍完上古神话中的世界观后，我们延伸到近世的神话。虽然近世神话不能算作严格意义上的神话，但仍可作为广义神话看待。介绍近世神话的主要目的，是希望让大家知道，远古神话并非完全消失在渺远的历史烟尘中，它们的外在元素与内在底蕴依然留存在后世的民间传统之中。我们这里所谓的近世，指的是唐宋以后，尤其是明清以来，一直延续到当下社会的民俗观念。尽管总体而言，客观世界日益被科学理性所把握，但社会中仍然存在着丰富多彩的超验世界。让我们来浏览一下其概貌。

秦汉时期，通常把超验世界概括为天神、地祇、人鬼和物魅四大类别。后世也大概如此，只是内部更加纵横交错，并非壁垒森严。大致来说，我们可以从以下五个方面予以介绍。

（一）首先是神的世界

天上有最尊贵的神，为首的是玉皇大帝，居于上天紫霄宫中，类似于人间的金銮殿。大殿东西排列着文武两班，文官首领是太白金星，武官首领为托塔李天王，另外还有各种神职，如弼马温、天蓬元帅、卷帘大将之类，大家想一想孙悟空大闹天宫等故事即可明白。这其实是人间的官僚制度在天庭的投影，而且这一体系还从天上延伸到人间，形成了与地区行政制度相匹配的神灵系统，比如古代的府县各有城隍，相当于市长和县长；往下还有土地，相当于村委会主任；每家每户还有灶王爷，便是官方派在各家的监督之神……所以，人们的善恶行为，皆无可逃遁于天地之间。

当然还有一些自然神，比如日月星辰、山岳江河等，也各有神灵主管。最有趣的是风雨雷电这些与百姓生产生活息息相关的职能神，他们古老又常新。

（二）其次是仙道的世界

如前所说，仙家的神话在先秦两汉时就很发达，后世由于道教的发展和宣传，其形态更加丰富。仙与神最大的区别在于：神有职守，他是官僚体系中的一员，失职后照样要受到惩罚；而仙虽然没有权力，却也没有拘束，他们只管洒脱地游荡于天地之间，过着自由自在的生活——当然最好不要碰上龙伯国巨人——偶尔高兴也去干涉一下人间或天上的事情。后世脍炙人口的神仙故事主要有二：一是王母娘娘开蟠桃会的故事，这是各路神仙的大派对，引出不少精彩故事；二是八仙的故事，不仅有八仙过海一类的神仙斗法故事，还有诸多八仙与人间的交集，尤其是吕洞宾、铁拐李等形象已深入人心。八仙早已成了民俗文化中的一个固定的吉祥组合。

当然，从道教的角度来说，还有更加符合其宗教属性的阶层性神灵体系，比如最高级的三清四御，人神之间的天师、真人等，就不去细说了。

（三）再次是佛教诸神的世界

我们知道佛教源于印度，大约在东汉时期传入中国，后来逐渐传播开来。佛教不仅与中国文化相融合，还生长出许多中国化的佛教文化。除了我国的云南地区盛行的南传佛教、西藏地区盛行的藏地密教外，我国其他地区大都是所谓的汉传佛教，以大乘佛教为主，其中的禅宗是佛教中国化的顶峰。汉传佛教中的神灵很多，大致可以分为佛、菩萨、罗汉和护法等几个层次。佛祖里面有释迦牟尼佛、阿弥陀佛、弥勒佛等；菩萨中的文殊、普贤、观音、地藏，被民间称为四大菩萨，分别以五台山、峨眉山、普陀山和九华山为各自道场，吸引着众多香客；一般大的寺庙中都有罗汉堂，有的甚至多达五百罗汉，而在最神圣的大雄宝殿中，通常两旁也塑有许多罗汉的造像；至于护法自然也是形形色色，常见的比如四大天王（俗称四大金刚）、韦陀等。

（四）又其次是人鬼

前面我们说了，中国早期文化中对人死后的世界描述不甚清晰，到了南北朝时期，人死之后魂归泰山的观念似乎普遍流行，汉乐府诗中有《蒿里》："蒿里谁家地，聚敛魂魄无贤愚。鬼伯一何相催促，人命不得少踟蹰。"蒿里据说就是泰山南面的一座山。考古发现的汉代镇墓券也写道："生人属西长安，死人属东太山。"六朝志怪小说中经常出现"泰山府君"的形象，应该是古人观念中的冥间主宰。后来，佛教的地狱轮回观念强势占据了中国文化的冥间想象，地狱主宰不仅有一个阎王爷，还有许多个主宰，其中有一个主宰叫"泰山王"，其实就是泰山府君的变形，显示出本土文化与外来文化的巧妙糅合。

当然，后世信仰中还有一种特别发达的观念，即人死之后并非永远是孤魂野鬼，经过某些特殊的因缘，许多人鬼也可以晋升为神灵，比如关羽、妈祖、包公等，甚至前述的那些官僚体制内的神灵，比如城隍、土地等，也经常由当地杰出的人物死后充当，使得神灵世界越发充满了人间的气息。

（五）最后是鬼魅精怪的世界

鬼魅精怪，是上古万物有灵论永不消逝的波泽，也是与俗世生活最为贴近的超验世界。蛇妖狐媚、木石作怪，都是身边寻常，它们的"神格"很多时候还不及常人，所以没有任何装腔作势，只管由着性子与俗人发生不切实际的交往，却也展露出最生动的社会众生相。大家只要想一想白娘子的传说，《聊斋志异》里的花妖狐怪，甚至联想下国外的《海的女儿》和《纳尼亚传奇》等，就心领神会了。

理想美与希腊艺术的意境

北京大学历史学系　朱孝远

【内容提要】

　　有人说，荷马的希腊就是一场美人梦：男人都身体健壮，女人都美丽动人。在别的民族还在为土地水源争战不休的时候，他们却因为一个叫海伦的美丽女人在特洛伊耗费了整整十年。对于爱情，他们从不羞涩。希腊的英雄就是诗歌的主题，为荣誉而战是每个人的信念。还记得温泉关的石头吗？拉西第梦人啊，你们的三百个兄弟就埋葬在这里。不过，《荷马史诗》中却存在一个悖论：上半部《伊利亚特》是呼吁人们去当英雄的，后半部《奥德赛》却要鼓励人们去游山玩水。本讲座通过对英雄主义的艺术表现、英雄主义的个性表现和英雄主义的人性表现的分析，试图破解《荷马史诗》的这个悖论，从而加深对古典希腊文化的认识。

作者介绍

　　朱孝远，北京大学历史系教授，北大博雅特聘教授，国家万人计划教学名师，国家社科基金重大项目主持人。曾任北京大学希腊研究中心主任；主要研究方向为世界文化史，文艺复兴史和德国宗教改革史。兼任国家教材委员会专家库成员和美国俄勒冈大学荣誉教授。出版著作、译作35部，发表学术论文200多篇。曾获教育部人文社会科学优秀成果一等奖。为"西方文明史导论"等五门国家精品课的主讲人，获各类科研、教学奖47项，其中国际奖6项，国家级、省部级奖16项。

关于希腊艺术，尼采说过一句很精彩的话："抒情的天才独能感觉到一个画景象征世界从神秘的玄同忘我之境中产生。"① 他讲到这一境界另有一种色彩，一种因果，一种速度，与静观万象、秋毫不爽的造型艺术家和史诗诗人的世界绝不相同。他将这比喻为梦神用月桂枝触动的灵感，致使抒情诗人所描绘的画景不是别的，正是他本人。然而，尽管抒情诗人高谈自我，却不是清醒的实践中的"我"，而是潜藏在万象根基中唯一真正存在的永恒的"我"，而凭借这个"我"的反映，抒情的天才就能够洞察万象的根基。

尼采的评论可以用"理想的追慕"和"象征的意象"来表述，反映出了希腊艺术的深层结构。当你面对一件件与神祇一样不朽的希腊艺术品时，那种完美和圆融的独特感觉，那种带给你恢复青春活力的性灵喜悦，实际上是把你置入了一个带有魔力的经过艺术修饰的画景象征世界中。宛如看到刚刚从珀美索斯河、马泉或俄尔美俄斯泉沐浴过娇柔玉体后的缪斯女神们，你身披夜间的浓雾，和她们一起跳起了优美可爱的舞蹈，唱起了动听的歌。② 这种在至高的赫利孔山上由艺术之神发出的声音，给人带来一种透彻的情感体验，一种空灵的审美喜悦，激起了人的生命转换。最后，在理想与现实的交接处，"自我显现"变成了"自我消失"，知性与感性复合，产生出了一种精神上的永恒。艺术家主观抒情造成的那股突发的情绪，即便会在某个瞬间稍纵即逝，却在我们的精神世界中得到永恒。玄同忘我之境构筑起一种美景，艺术不再隐然浮游于自我之

---

① （德）尼采《悲剧的诞生》，缪灵珠译，载《西方文艺理论史精读文献》，中国人民大学出版社2003年版，第557页。
② （古希腊）赫西俄德《神谱》，见赫西俄德《工作与时日·神谱》，张竹明、蒋平译，商务印书馆1997年版，第26页。

上，却在万象根基之中，找到了它置放高尚情感的栖居地。

一、理想与美——希腊艺术的意境表述

希腊艺术的显著要素就是理想美，那种美的特殊魅力，就像一朵含苞欲放的花朵一样，展现出人类全部的活力，让人在审美喜悦中走向高尚。这种亲近又陌生的情感带来一种奇异性，宛如希腊多变的自然风光，使人类身上的各种美好品质得以显现。这种理想美的魅力既甜蜜又可爱，通过它，最自然、最为质朴的语调就道出了艺术家内心的秘密。这是希腊艺术家与人们交谈的惯用方式，他们能够让艺术品直接说话，其情感的坦率程度让我们吃惊。具有创造气质的人，比如说，波塞冬青铜像、米洛斯的维纳斯像和胜利女神像的作者们，都是通过这样的方式与我们直接进行交流的。

希腊艺术品中，人物雕像占很大的比例。对于希腊艺术家来说，人类的美似乎是一切美之极致。天才的创造似乎就只关注人的美丽。对他们来说，万物之中人才是最为美丽的。艺术家的造诣，在于如何让冰冷的大理石说话，变成能够感受人的体温和情绪的雕像，并且栩栩如生地向我们传递真情。人体雕像准确地表达了人的自足和独立。人像的表情都是朝气蓬勃的，很少有无精打采的样子。人的姿态、手势也都是能够被观众接受的，即使观众没有经过细心的考察，也能够从雕像那里感觉到亲切的问候，天使般的梦想，以及正义战胜邪恶的力量。这些雕像是活着的、不断说出甜美秘密的真人，一旦它们的精神在我们身上流过，我们马上就能感到一种情感上的温暖，一道透心而过的暖流，让我们的血液燃烧，就像太阳在夏日里燃烧一样。

这种理想的美，宛如奥林匹斯山上的圣火，首先是一曲对于自由的颂歌。这样一种对人的高尚情操的歌颂，是希腊艺术的主旋律，也是荷马、苏格拉底、柏拉图的信仰。整个希腊的精神，都是在一种诗化了的意境中歌颂自由。它煽动起一种像酒神狄奥尼索斯教人陶醉的魔力，让苏格拉底从容就义，让毕达哥拉斯醉心于对数字的狂欢，让住在木桶里的犬儒学派天才心安理得，获得一种"灵魂离开躯壳、有如船之解缆"般的自由。从某种意义上说，人体美丽带来的是让心灵自由的撞击，结果却引发热情的狂欢和快感的共鸣。在自由魔力的支配下，希腊人陶醉了，同时也高尚了。陶醉和高尚、激情和崇高，使希腊人变成了沉溺于强烈感情和无限崇高之中而无法自拔的英雄。他们高高在上，为了自由，根本无视"在刀锋上"的危险和即将来临的命运惩罚。希腊人需要一种酿造自己文明之酒的酵母，那就是自由，一旦品尝过这样的烈酒，再甘美的清泉也就显得非常一般了。

希腊的男性雕像，展示的就是英雄向生命极限挑战的伟大气概。具有超能力的英雄在转瞬即逝的冒险中心甘情愿地承担风险，英雄们对于理想的忠贞激发了艺术家们采用最为大胆的艺术手法为他们表达的动力。以波塞冬青铜像（公元前470，藏于雅典国家考古博物馆）为例，铜像有真人大小，全身肌肉绷紧，两手向左右外伸，作投掷战斗状。这种在大理石像中不可想象的造型，却以青铜像的方式得以完美实现。在著名的《掷铁饼者》（米隆，约公元前450）中，米隆创造了运动者的典范，被艺术史家称之为"那是快速运动中的肌肉收缩和放松的结合，这件作品在对立的平衡中找到了和谐的原理"。[①] 这是力和紧张与自然主义风格的完美统一，无疑是希腊男性雕像中最具特色的代表作。在掷铁饼者刚要把铁饼掷出去的那个刹那，动人心弦的激情被凝固了，却丝毫不影响稳定感。艺术史学家苏珊·伍德福特对此是这么评价的：这是一个无声的瞬

---

① （法）热尔曼·巴赞《艺术史：史前至现代》，刘明毅译，上海人民美术出版社1989年版，第104页。

间，然而在我们心里却因受到激励而产生了去完成这一动作的欲望。还有什么可说的呢？艺术不仅表现的是张力，它还透过表象进入生命脉动的执着之中。在人的力量得到深刻表现时，强力和紧张感已经退居第二。英雄是知道怎样激起强烈的梦想的，在他所追求的理想中，沉着和稳定正是突破生命极限赢得胜利的保障。

图1　波塞冬青铜像　　　　　　图2　《掷铁饼者》

在艺术家们的描绘中，妇女较之英姿勃发的男性就显得大为不同了，他们更加突出的是女性特有的美和女性风韵中的音乐性。希腊作家卢奇安对艺术家勒谟诺斯所雕刻的雅典娜像作过精彩描绘，说那个雕像是集中了一切艺术、一切想象而形成的超凡的理想类型的美。他说这个作品其实是出自理性女神之手，她开始工作了，"首先拿着克尼多斯的舶来品，只摘下头部，其余都不要，因为这个雕像是裸体的。头发，前额，双眉都保留普拉西忒里的原作；眼睛，这双秋水似的眼睛，也原封不动。但是双颊和脸型就取材于'花园美神像'，还有纤手的线条，完美的手腕，春笋似的手指。斐狄亚斯和勒谟诺斯的'雅典娜像'提供脸部的轮廓，端正的鼻型，温柔的双颊，也塑出她动人的粉颈，樱唇微合，像他的‘亚马孙像’。卡拉密斯赐给她‘济世女神像’般娴婉的秀气，似笑非笑的表情，贴切合身的衣服，只是头上不戴面纱。”为了进一步衬托出雅典娜的容貌和修养，还要注意适度，“应黑的黑，应白的白，应红的微红”，以便绘出“她‘象牙色中带淡红’和恬静的‘明眸’”。经过这样的形式处理，这件作品就接近诗意了，于是“忒拜诗人可以帮助她给眼睛渲染‘紫罗兰’的色泽。荷马渲染她的微笑，她的玉臂，她的玫瑰色的指甲，形神毕肖”。至于她的比美丽更加动人的高尚、智慧、仁慈、温柔、雅量、娴静、才华，以及“妩媚的姿态”，“天姬嫦娥似的风度”，就要靠充满诗情画意的遐想了。卢奇安最后的结论就是“只有肉体美和精神美相结合时，才产生真正的美”。[①]值得注意的是，天性美是古希腊女性人像最基本的特征。倘若你尝试去分析那种摄人心魄的美，就会发现它的原则是极其简单的：只不过是要用最崇高的笔触来刻画女性的浪漫，并尽其所能地把感觉和知觉完美地结合起来。艺术家们似乎不曾仔细规划或理性计算过，那伟大的女性活力就自然而然地浇铸在那些令人骄傲的柔弱的肉体上。女性们自然流露出来的情感说服力和她们衣裳皱褶显示出来的温柔多情，让人感到她们一次又一次地参与了世界的创造。

　　尽管希腊艺术曾经深受古代埃及风格的影响，我们却必须要分辨希腊艺术的那种极度诱惑与极度克制之间的动态平衡与埃及艺术中的对称之间的不同。两者的区别是显而易见的：前者强调的是现实世界中人生命力的极限，后者却具有浓厚的宗教宿命思想。因此，当埃及人强调灵魂不死并精心制作木乃伊时，希腊人却坦然面

---

① （古希腊）卢奇安《画像谈——谈肉体美与精神美》，缪朗山译，载章安祺编订《缪灵珠美学译文集》，中国人民大学出版社1998年版，第一卷，第146页。

图3 雅典娜像

对死亡——他们把对待死亡视为哲学，用来震醒自己的生命力。当埃及人力图建造极其坚固的金字塔时，希腊人却雕刻了举世无双的美丽的人体雕像。希腊的这种追求理想境界的精神对它的建筑风格也不无影响：无论是立柱加横梁的希腊神庙和上面的装饰，还是普通的希腊民居，都保持着自然、庄重的现世风格；奥林匹斯神庙门廊上的浮雕形象总是充满英雄主义和活力的。阿特拉斯安详地带给了赫拉克勒斯金苹果，赫拉克勒斯的保护者——女神雅典娜在背后镇静而沉着地帮助英雄。在神庙排档间饰有英雄与牛精搏斗的壮烈场面，有英雄与半人半马怪兽的格斗，也有朴素却有生气的河神像。所有这一切，都在告诉我们：生活在奥林匹斯山上的诸神是非常入世的，他们不仅是理想化的英雄，也是不断与各种艰难险阻进行斗争的希腊人的真实代表。

希腊艺术品的这种抒情风格，体现了希腊人对极致美的渴望，因此具有一种极度诱惑和极度克制间的动态平衡。这种艺术风格热情而奔放，促使人之精神无限升华，折射出阿波罗这个光明之神和灿烂之神掌管的人的奇妙内心的幻象世界。抒情的天才记录了希腊人的理想，一种最高的真理，与不可捉摸的日常生活截然不同。换言之，希腊艺术家是具有超常洞察力的人，通过最敏感的神经和最细致的感知力，创造了那种令无数英雄热血沸腾并为之献身的意境。在这种意境的魔力下，人们在精神岛上翩然起舞，仿佛是天生的神秘冒险家；色彩和意象冲进了生命，平淡的生活在理想之光的照耀下被赋予了神灵般的极限美，人们保持着精神的亢奋状态，精神境界借此得到圆满提升。

二、情感交流的方式：直觉、诗语和精神的形象化

在尼采的美学理论中，古希腊的所谓舞蹈，不过是载歌载舞的团队。戏剧也是这样，一群人在那里悠然自得地跳舞、唱歌和演戏。音乐和戏剧，尽管不是那么具有情节，却让人随着音乐而情绪产生波动。尼采分别用日神和酒神来表示这两种方式：酒神控制人的情绪，日神则控制人的技艺。希腊的悲剧一般都有教导的作用。譬如《俄狄浦斯王》，戏中的主人公杀父娶母，显示出一种悲剧性的道德劝诫。但尼采又发现，人们在看戏的时候，注意的并不是道德劝诫，而是故事的情节，譬如俄狄浦斯是如何被抛弃的，然后流浪，最后又成为国王的。这时，人们受到强烈情绪的左右，而不是受到道德劝诫的支配。这样，就有了艺术的两分法：一种是受情绪控制的艺术交流世界，被誉为"梦神用月桂枝触动的情感"；另一种则是受理性支配的艺术技术世界，它让人物按照和谐节奏的原则相互联系。情感力量和美学力量给予希腊艺术家创造极致理想美的双重保证，使其能够在玄同忘我之境中创造出永恒的艺术品。

这种用情感进行交流的方式，是希腊抒情艺术家们特有的创新直觉。这种直觉之所以合理，是因为它是从"必要"中产生的。它最奇妙的地方，莫过于它既低于概念和结论，又高于概念和结论，因为它所指向的，是一幅全新的图像。直觉不是被动性而是繁殖性的。直觉既然神秘、不可捉摸，它的光辉，就往往是其所想要理解的理想世界。没有理想世界，直觉可能永远处在休眠状态，即隐藏

在心灵深处的某个角落。有一天，当它与贤明的真实世界交流时，它就苏醒了，它不得不创造，出现了一些类似于"精神的胚芽"的东西。另外，当我们谈到直觉时就要知道，直觉并非本质。它不是概念，不是本质性的结论，也不是具体的经验。直觉是一种非常细腻和敏感的洞察力，却能够甄别事实和假想，真诚与虚伪，正直和奸诈。直觉是从来不说谎的。从这个意义上看，直觉本身是一种具体的存在，它指向能打动情感的心灵。直觉也许是一种主观和客观、隐约和明朗交替出现的感觉。直觉这一能够打动情感的独特东西，有时是单一的，有时也许是复合的。当它在隐约之中反映出一种境界时，隐约性就开始展现作者的主观性。紧接着，直觉变成了知觉，感知变成了立意明确的作品。当艺术家的主观抒情与被把握的事物进行交流时，这种直觉是无处不在的。最后，主观和客观相置换，通过作品，直觉开始表现出客观性。

　　用这样的方式创作出来的艺术品，尽管被一种奇特的辉煌笔触把清晰的轮廓给模糊掉了，但美丽的色彩、有趣的造型却凭借着情感的魅力连接了起来。据艺术史家分析，这一切，在公元前5世纪的希腊雕刻大师菲季亚斯那里得到了完美表现。菲季亚斯"在道德和造型观点两个方面，代表了希腊精神的最高表现形式"[①]。菲季亚斯给予了希腊诸神超人般的完美形象，他们具有未受到尘世愁苦触动的宁静，更具有英雄和美的最完美的结合。菲季亚斯的著名的黄金象牙神像——奥林匹斯宙斯像和巴台农神庙雅典娜像，体积巨大，包含着"神性的古老而不可思议的精神"[②]。在菲季亚斯为巴台农神庙所做的纪念碑雕像里，雅典式的构思将多里安的庄重和爱奥尼亚的优雅融为一体，从而获得了和谐的完美。法国艺术史家

①（法）热尔曼·巴赞《艺术史：史前至现代》，刘明毅译，上海人民美术出版社1989年版，第104页。
②（法）热尔曼·巴赞《艺术史：史前至现代》，刘明毅译，上海人民美术出版社1989年版，第104页。

热尔曼·巴赞这么评论："每一尊像都是巧妙平衡的整体中一个流畅的组成部分，躯体在空间的扭动中体现了现实生活的全部舒坦自在。同时，人物按照和谐节奏的原则相互联系。两堵山墙《雅典娜的诞生》《雅典娜与波塞冬之争》和九十二个排挡间饰，包含着受到限制的布局——必须符合几何形的要求。另一方面，展现于柱廊墙顶的饰带则是有联系的形式之连续性图案，犹如音乐中主旋律的发展。"[①]在这里，艺术家用抒情所描绘出来的画景，与其说是一种静观万象、秋毫不爽的艺术造型，毋宁说是人像中手指的轮廓、饰带的痕迹和神像上处处闪现朦胧美的眼睛和嘴唇。但是，一种发自艺术家内心深处的光波却适时地抓住了美的本质，让它流动，并让它永远在这些作品之中驻足。这些本领使希腊艺术家的作品能够置身于最珍贵的世界艺术之列。

值得注意的是，希腊的抒情艺术家在进行创作时，采用的是诗歌的语言而非生活的语言。在古希腊，诗人的世界与造型艺术家和历史学家的世界是不相混同的，前者更能够体现真理。诗被认为是可以揭示一般规律的，而历史则主要用来揭示个别事件。例如：当历史学家说某富人倒台时，诗人就说凡是富人都得倒台。这样，诗歌就成为了历史的导师。在这种价值观下，为了要从单个的事实中抽取出普遍的理想，艺术家会更倾向于用"诗语"来传递信息。

一则有趣的故事可以说明静观万象的历史学家是怎么做到证据确凿、分毫不爽的。在希腊殖民城邦科罗封，一个傍晚，一位权贵正在家里举行宴会。当时灯火通明，贵族们酒兴正浓时，一位二十出头的年轻行吟诗人出场了。他环顾四周，高声吟唱："自古以来，人人都以荷马为榜样。"贵族们以为这位年轻诗人要像往常那样去吟诵荷马的史诗了，但那个小伙子却自编自吟起来。于是贵

---

① （法）热尔曼·巴赞《艺术史：史前至现代》，刘明毅译，上海人民美术出版社1989年版，第104－105页。

族们放下酒杯，仔细地听起来。年轻诗人接下来吟唱出这样的意思：应该赞美那些在酒后仍然表现出高尚品德的人，不要去歌颂泰坦巨人或半人半兽，那是古人的虚构，也不要去歌颂城邦里的那些无益的纷争，唯有崇敬神灵才是善行。这一次，贵族们听清楚了。原来，这位不知深浅的年轻人竟把他们所崇敬的神祇看成是虚构的，并且不点名地指责了荷马、赫西俄德这两位杰出的前辈诗人。年轻诗人看着满脸疑惑的贵族们，又行云流水般地继续吟唱，他认为是人把自己的衣服和形象加于神之上，假如牛、马和狮子像人类一样能画画、塑像，它们也会把神的形体描绘成和自己一样。他还指责荷马与赫西俄德把人间的无耻丑行加在诸神身上，例如偷盗、奸淫、彼此欺诈。因为这位诗人敢于抨击时弊，锋芒毕露，成了科罗封城邦最令人瞩目的人物，他就是伟大和勇敢的克塞诺芬尼。①

　　与上述的历史学家不同，抒情艺术家擅长的是抒情艺术，他们要通过艺术作品向人内心传递极致的美和理想。内心的东西怎么传递呢？那就需要依赖"诗语"。"实语"表述的东西，是一种符号，属于历史的范畴；而"诗语"所描绘的，则是一种理想，属于抒情艺术的范畴。用文字表达的东西比较间接，看一部史论，刚看的时候没有感觉，因为你和作品之间是存在着距离的；而抒情的艺术天才使用肢体或形象的语言，用手势、表情所创造出来的那个画景，直接向人传达着象征世界的信息。看一本历史书，要看很久才会被触动；但用"诗语"吟唱出来的人体雕像，看到后会立即被感动。希腊的艺术，包括悲剧、喜剧、雕像，有时情节并不是那么清楚，但是你也会跟着感动。这里，促使你感动的不是情节，而是极致的美和高尚的精神。

---

① （希）约安尼斯·塞奥法诺普洛斯《希腊文化》，《中华英才》编订，华人华裔文化交流中心出版，2002年，第49－50页。

　　这些用直觉和"诗语"创作出来的作品，实际上是通过一种"精神的形象化"来揭示画景所象征的世界的。抒情艺术家要描绘的不是现实的世界，而是理想王国中的精神世界。柏拉图曾经认为：世上之物只是彼岸理想类型的不完美的复制品，号召艺术家直接去描绘那个完美的理想本源。什么是事实？伟大的古希腊哲学家柏拉图给出了一个令人惊讶的回答：什么也不是。他认为世界是不断变化的，其中的事物也是不断流动着的。我们所感觉到的都是理想世界原型的幻影。①理想通过艺术改变世界。在这样的思想指导下，希腊艺术脱离了那种狂热的原始图腾的崇拜和冲动，开始专注于去表现理想世界的精神原型。艺术中没有时间，没有过程，高贵的理想带来了一丝冷漠。在这里，审美的喜悦要高于现实的快乐。当艺术品以这样一种姿态超越了人们的实际生活时，它无法与普通的生活联系在一起，也不和触觉、味觉和嗅觉等较为低下的层次相联系。至于视觉（色彩）、听觉（音乐）、知觉（智慧、心灵）是可以同艺术相通的，因为这些感觉属于较为高级的层次。结论是：艺术就是表现理想的，它直接反映真理。

　　在这样的精神激励下，精神的形象化就变得非常重要。一个画家把一棵树搬上了画面，这是从形象到形象。但是，有一些东西是抽象的，比如什么叫真，什么叫美，什么叫爱，什么叫高尚。我们是怎么把它们变成形象的呢？是靠精神的形象化。例如："崇高"和"一棵树"相比较，树是形象的，而"崇高"却是抽象的。但是，抒情艺术家却能用艺术的"诗语"把这个抽象概念形象化，为此他不得不编造故事，然后再编造艺术造型。这种从精神形象化中产生的艺术，往往更容易刺激人的心灵。倘若希腊艺术里面没有这样一种成分，它就不会那么永恒，它就会很容易被人们所遗忘。我

---

① （希）约安尼斯·塞奥法诺普洛斯《希腊文化》，《中华英才》编订，华人华裔文化交流中心出版，2002年，第23页。

们看到的希腊的雕塑也好，希腊的绘画也好，或者那些悲剧、喜剧也好，都是通过精神的元素，通过一些非常简单的情节，把极致美直接植入观众灵魂深处的。在不断的心动中，人们情不自禁地跟着永恒的精神翩然起舞。

这种精神的形象化，或者说，抒情艺术家的"画景象征世界"，特别容易让艺术品变成永恒。诗歌之所以打动人，很大程度上也是因为这种精神的形象化。诗歌是很抽象的东西，为什么能打动人？原因在于它是通过一种情感力量使艺术特质迅速提升和扩大的。作品和观众之间的交流，不是一种浅层的、表面的交流，而是使诗人的心和观众的心产生互动。"诗语"让人跳过了表层，直接进入一种深层次的精神交流。诗的"画景象征世界"直指人心，让人直接感受到理想之美的精神震撼。一个古老的戏剧，甚至一场现代的芭蕾舞，也是通过这样的方式让人获得审美喜悦的。表面的故事，似乎你一看就能洞悉它的全部轮廓。但是，这故事展现的精神美却影响了你的审美意识：一旦心中的情感被唤起，就闪现出强烈的共鸣，如同红宝石的光辉。故事的情节这时变得无关紧要，精神化的形象已经把你带入理想境界的诗意中。

有时，这种感动来自事物本身的极致美和命运造化对于这种极致美的摧残——希腊悲剧精神的奥秘全在于此。这样说吧，倘若一个东西比较丑陋，它被摧残，并不会让人难受。但是看到一种美到极致的东西被摧毁时，人的心中就会有一种大不忍，会产生出极度的悲剧感。这里有两种情景：一是极美的事物遭遇摧残，一是不美之物遭到摈弃，哪一种更能够激起你的感伤呢？希腊的艺术品，粗粗看去，可能不过是个人，是个海神。但是，如果要透过现象看本质，你就会感到它特有的那种"精神之浓缩"，进而感受到那隐藏在极致美背后的悲剧性。就是说，希腊艺术是一块多面镜，它用诗歌的语言把一切装饰的艳俗隐去，只剩理想的火焰在那里燃烧。这是希腊人生活中最崇高又最简朴的东西。在欣赏这样的艺术品时，你会为那些捍卫理想极致美的人的心灵所感动；你陡然想去发掘那个比朦胧轮廓更多、更深刻的东西，那就是希腊人的英雄魂魄，以及与这些魂魄紧紧相连的、隐藏在极致美背后的悲剧性。

三、玄同忘我之境在理想和现实的交汇处产生

希腊的艺术要这么来理解：它既是抒情艺术家完全个人的自我展示，又是完全忘我的英雄魂魄的飞舞；既是梦神用月桂枝触动的灵感，又是日神用灿烂的理性培育而成的知觉；既是一种极致美的"诗语"，又是历史学家用"实语"对世界的评价；在理想和现实的交汇处，"画景象征世界"在玄同忘我之境中产生。

玄同忘我之境应当这么来解释：它是希腊人对极致美的一种礼赞，一种向往，一种极度诱惑和极度克制之间的动态平衡。它有着超凡入圣般的飘逸理想，其勾画的美景，正像希腊驻华大使约安尼斯·塞奥法诺普洛斯精心描绘的奥林匹斯山上的情境一样。奥林匹斯山坐落在希腊的北部，它高耸入云，是宙斯和众神的栖居地，在云雾缭绕的山顶，时光女神在那里摆手。每当天神到来时，云门便自动打开，欢迎诸神。"众神之王"宙斯发出召唤，诸神纷纷从陆地、大海、天空、地下赶到宙斯的神殿聚会。神殿里有许多金碧辉煌的高大圆柱，四壁还画满了神奇而又美丽的画面。众神一边喝着酒，一边议论着天上和人间的大事。青春女神赫柏为诸神斟酒；太阳神阿波罗弹起了竖琴，为大家助兴；文艺女神缪斯在舞池内翩翩起舞，还唱着清脆悦耳的歌儿。[1] 对于这样的极致美景，无论是古代的希腊人，还是现代的希腊人，有谁不会向往呢？

---

① （希）约安尼斯·塞奥法诺普洛斯《希腊文化》，《中华英才》编订，华人华裔文化交流中心出版，2002年，第1页。

　　这种极为崇高的理想和极致美，不仅激起了抒情艺术家的热情，而且也激起了希腊人民不惜用生命来保卫它们的英雄情怀。在希腊的神话中，这样令人寻味的故事层出不穷。例如：象征最美好爱情的红玫瑰花，是美神阿佛洛狄特所钟爱的人间美少年阿多尼斯的鲜血化成的。阿多尼斯被野猪咬死，他的鲜血变成了红玫瑰，为此美神非常伤心。① 又如希腊神话中的残疾神赫斐斯托斯是人类的朋友，他掌管着神界的最大机密——火，普罗米修斯将火种盗出献给了人类，为此遭到天神宙斯的惩罚。② 赫斐斯托斯奉宙斯之命造出了世界上最美的女人潘多拉，她却打开了一个充满饥饿、疾病的盒子，让各种灾难充满人间，好在盒子中还藏有一个小天使，他的名字叫作"希望"。谷神德米特的故事是最人性化的，她是勤劳刻苦者的保卫神，当她美丽的女儿被黑武士装扮的冥王绑架后，大地上的鸟语花香消失了，庄稼也枯萎了。即便这样，谷神还是忠于她的职守，通过宙斯让女儿在三个季节陪伴自己，只有四分之一的时间留在冥王身边当冥后。这样，大地回春，百花绽放，正如希腊驻华大使塞奥法诺普洛斯所评价的那样，"谷神的故事糅合了人类最早对四季运转、作物生长的观察"。这个故事"十分人性化，在故事的背后，隐藏着人类超越形体、死亡，以及和自然界永恒生命合而为一的渴望"。③

　　极高的理想和极致美也带来了直觉和知觉的统一。希腊的艺术家在自由抒发感情的同时也关照大众情绪。例如：佛律尼科斯是希腊早期的悲剧作家，他率先在戏剧里引入女性人物，编写历史剧。

---

① （希）约安尼斯·塞奥法诺普洛斯《希腊文化》，《中华英才》编订，华人华裔文化交流中心出版，2002年，第40页。
② （希）约安尼斯·塞奥法诺普洛斯《希腊文化》，《中华英才》编订，华人华裔文化交流中心出版，2002年，第41页。
③ （希）约安尼斯·塞奥法诺普洛斯《希腊文化》，《中华英才》编订，华人华裔文化交流中心出版，2002年，第42页。

他的《米利都的陷落》写小亚细亚的殖民城邦米利都于公元前494年被波斯国王大琉士攻陷的事，演出引起全场观众流泪，剧作家因此被罚1000希腊币。[①]在这里，艺术家是要听取时代的"将令"的。他须顾及全体民众即"大我"的情绪，因为后者的利益要远远高于他自己的。这个"大我"的情绪是极有力量的。在真理面前，抒情艺术家得放弃强势，因为真理不是靠个性来张扬的。真理，是一种客观的存在，不以人的意志，或者说，不以人个性的强势为转移。当艺术家脱离了个性所表现出来的强势时，他更容易与真理相遇。画如其人时，是画与个性的统一。画如其境时，我们认为画开始与事理统一。画入其境时，那真理就被植入作品，那时，人的因素需要退隐。艺术家在作画的时候一定要记住：真理是通过真理自己显现出来的。个性展开自己，领悟展开真理。个性要表现出与众不同，领悟要表现出自己的欢悦。个性是要别人被你的感染力所震惊，领悟只不过邀请别人来分享你的快乐。个性张扬时，作者必定以为自己高过读者；领悟在分享快乐时，恨不得让读者来做己师。个性其实是力的张扬，领悟却是疑惑和奥秘的破解。个性和领悟之间谁高谁低，那也是不言自明的。

在《悲剧的诞生》中，尼采是这样总结的："凡是人从万有之根源，从世界的醉境底层所能意识到的，都可能被梦神的美化威力再度克服；所以这两种艺术冲动，不得不依照永恒正义之规律，按严格的相互比例，各自展开其威力。当酒神的威力以我们所目睹之势强大起来时，梦神也必定披上云彩，降临到人间，未来的世代将见到他的最丰富最美丽的效果。"[②]希腊艺术的美丽是希腊人精神的

---

① （希）约安尼斯·塞奥法诺普洛斯《希腊文化》，《中华英才》编订，华人华裔文化交流中心出版，2002年，第24页。
② （德）尼采《悲剧的诞生》，缪灵珠译，载章安祺编《西方文艺理论史精读文献》，中国人民大学出版社2003年版，第569页。

永恒美丽，是希腊人用自己的信念与一场场大灾难博弈后的凯歌。或者说，这正是向人类体能极限挑战的英勇的奥林匹克精神，它呼唤着和平和一种极致的永恒美，宛如一道像光一样闪烁的河流，途经的一切均被它照亮。

技术如何思考

——以电影《阿凡达》《比利·林恩的中场战事》为例

北京大学艺术学院 李道新

【内容提要】

当技术和视效想要表达和思考，电影就开始摆脱其原始的魔力及其奇观性带给观众的沉迷，从社会学和通俗文化的视野进入美学的范畴。技术不是"无思"，也不是"思想的障碍"。作为一种"外移的过程"，技术就是运用生命以外的方式寻求生命。作为一种话语隐喻，当《刺杀小说家》《流浪地球》等影片里两个世界的生命以特异的方式互动共生的时候，也就是中国电影从思想甚至哲学的层面思考技术和视效的时候。当技术和视效想要思考，我们便可以期待一个属于中国电影的新的时代来临。

作者介绍

李道新，教育部"长江学者奖励计划"特聘教授，北京大学艺术学院副院长，博士生导师。主要研究方向：中国电影史、影视理论批评、影视文化产业。兼日本东京大学特任教授，曾在韩国、美国、俄罗斯、意大利等国的20多所大学访问讲学。任《电影艺术》《影视艺术》等杂志编委，全国艺术专业学位研究生教育指导委员会委员、国家"五个一工程奖"评委、国家电影局审片委员会委员等。在《文艺研究》《电影艺术》与《人民日报》《光明日报》等发表学术论文和影视文化评论近300篇；独立署名出版《中国电影批评史（1897—2000）》《中国电影文化史（1905—2004）》《中国电影传播史（1949—1979）》《光影绵长：李道新电影文章自选集》《影与文：李道新影视文化批评集》等15种学术著作，以及诗集《大地的方向》、散文集《燕园散纪》。

本次讲座从李安的孤独和恐惧说起，提出一个根本性的问题：当我们在看《比利·林恩的中场战事》的时候，我们在看什么？通过回到银幕的观看，我们可以明白：当技术和视效想要表达和思考，电影就开始摆脱其原始的魔力及其奇观性带给观众的沉迷，从社会学和通俗文化的视野进入美学的范畴。技术不是"无思"，也不是"思想的障碍"；作为一种"外移的过程"，技术就是运用生命以外的方式寻求生命。作为一种话语隐喻，当《刺杀小说家》《流浪地球》等影片里两个世界的生命以特异的方式互动共生的时候，也就是中国电影从思想甚至哲学的层面思考技术和视效的时候。当技术和视效想要思考，我们便可以期待一个属于中国电影的新的时代来临。

一、从李安的孤独和恐惧说起

对许多人而言，最深刻的童年记忆是露天电影。

现在想来，露天电影确实伴随几代中国人克服了物质与精神的双重匮乏，并向习惯于封闭静止的个体，展开了一个开放的陌生世界。不得不承认，与其说是露天放映的影片让我们走出了难耐的孤独和恐惧，不如说是露天电影本身，改变了我们的命运。

在互联网与媒介融合的数字时代，露天电影及与此关联的一切，已成为一种怀旧感强烈的现代仪式；值得注意的是，在某种程度上，"拍电影"和"看电影"也是如此。跟电影诞生之初一样，两者同样饱含行为之外的诉求和影片之外的深意。仅就"看电影"而论，在特定时间、特定空间和特定媒介中"看"的"电影"，其实并不是观众所要选择的那一部特定的"影片"；相反，"看电

图1　露天电影放映

影"的机遇、场所和机制、氛围等，才是"看电影"的内在目的。
在相关的电影理论、电影哲学，甚至媒介考古学视域里，这一命题
得到了较为深入的分析和探讨。

确实，当詹姆斯·卡梅隆的《泰坦尼克号》和《阿凡达》，以
及李安的《少年派的奇幻漂流》和《比利·林恩的中场战事》等，
携带其革命性的技术创造和震惊式的视听效果到来的时候，我们仿
佛又回到了曾经的"看电影"的年代。何时去看？在哪里看？看的
时候会发生什么？都跟对露天电影的疑惑和期待基本一致。

不仅如此，放映设备、观影场所和受众反应所造成的"短缺"
机制，同样会对这种观影模式产生重要的影响。因此，就像当年为
数不多的观众在国内仅有的两家IMAX+3D影厅里体验《阿凡达》、
两家3D+4K+120帧影厅里体验《比利·林恩的中场战事》一样，当
同样为数不多的观众，在仅有的26家3D+4K+120帧CINITY高规格影
厅观看李安的《双子杀手》的时候，值得铭记的必然是"看电影"
作为仪式的功能。即便多年以后，我们有关《双子杀手》的个人记
忆，与其说是影片的技术跨越、主人公的克隆分身及其纠缠的父子
关系，不如说是身处某一天，在某一城的某一家电影院。

从各种迹象看，对电影的"短缺"机制，李安有着非常明确
的认知。尽管用不了很长时间，跟《阿凡达》和《比利·林恩的

中场战事》一样,《双子杀手》便会以"李安电影"的标签,遍布于全球各个角落、各种条件的电影院、电影厅,以及各种分辨率的电视、电脑和移动终端,并以此止住一部分口碑的失落和票房的亏损。

然而,以这些方式存在的《双子杀手》,并不是《双子杀手》本来的样子。离开了3D+4K+120帧CINITY高规格影厅的《双子杀手》,和离开了这些影厅的观众一样,剩下的只有这117分钟,属于李安也属于观众的凝视和聆听。李安和他的观众,也就成了一个相约已久、不可暂停、无法慢放和拒绝快进的生命共同体。

所以,只有在能够收容《比利·林恩的中场战事》和《双子杀手》的电影院里,才能在影片开始之前目睹导演的银幕现身,并听到李安面向他的观众的说话。作为一位有幸感受到这一切的观众,笔者也正是在那个电影即将开始的瞬间,才突然意识到一种来自导演李安自身的心绪,那是一种深刻的孤独和恐惧。

时至今日,银幕上的一切与影院里的观众之间,仍然存在着无法跨越的障碍,这也成为一个多世纪以来无数电影人前赴后继试图解决的技术难题。通过《比利·林恩的中场战事》,特别是通过《双子杀手》,李安总是希望借助最高规格的制作技术和呈现方式,让电影里的细节和内容能够"越过银幕来到观众的身边"。但在《双子杀手》第一次国内公映后,面对差评和观众的不解,李安开始疑惑地向观众提问:"现在只有我一个人这么拍,是我有问题,还是世界有问题?"

在拍摄《比利·林恩的中场战事》时,李安第一次尝试了一种改变电影生产与消费方式的最新技术,但没有使用一个如影片本身一样清晰的概念,成功地为这个即将到来的电影时代命名。如今,因《双子杀手》而倍感孤独的李安,仍然没有找到这个电影时代的命名方式。

或许，这个电影时代真的无法命名；亦或许，李安所坚持的，只是"电影"本身。毕竟，等待了好多天，带着小马扎，跟随着人流奔赴露天电影的时代，已经一去不返。这也就意味着，"电影"被称为"电影"的时代，即将消失或者已经瓦解。

未来已来，电影还在吗？

这就是李安的恐惧，也是电影失名前夜，李安跟观众共享的一场祭礼。

图2 《双子杀手》剧照

二、我们在看什么？

在某种程度上，《比利·林恩的中场战事》因涉及电影的存在方式及其未来可能性即电影的技术哲学问题，也可以被当成一部关于电影的电影，即"元电影"。围绕这部影片，或在这部影片中，除了李安作为导演的不可或缺的同情心与作者印记之外，就是电影与影像之间的彼此反射或自我指涉了。

也只有从这里入手，才能更好地读懂李安。

这也就不难理解，为什么在影片开始之前，作为导演的李安会现身银幕，直接跟坐在电影院里的观众说话，让现场的观众意识到这将是一部需要特别对待并呼唤新的观众的电影；而在各种场合，李安也会强调所谓3D+4K+120帧的拍摄格式，不仅让观众有机会更深入地走进故事之中（而不是像以往一样总是在观看别人的故事），而且这本身就是3D电影或数字电影应该追求的目标。此前拍摄《少年派的奇幻漂流》，让李安意识到3D+24帧放大了24帧的缺陷，在感觉上也确实存在着很大的问题；在李安的观念中，跟一般画面只有X轴和Y轴的2D电影不同，加上了Z轴的3D是一种新的电影语言，应该具备它本身的特性；而更高的帧速率和分辨率，以及更好的立体音效，并结合创作主体针对电影和人性的独特看法，就是3D电影应该具备的样子。通过《比利·林恩的中场战事》，李安"第一次"尝试了一种改变电影生产与消费方式的最新技术，以"沉浸式数码"（Immersive Digital）或"未来3D"的概念为一个即将到来的电影时代命名。

尽管由于主流影院系统、电影行业标准、市场垄断行为以及受众观影习惯等原因，全球仍然只有五家电影院可以接受《比利·林恩的中场战事》的"顶级"配置版本，但值得关注的是，《比利·林恩的中场战事》也能为各种不同设备的影院提供诸如120帧+2K+3D、60帧+4K+3D、60帧+2K+3D、24帧+3D与24帧+2D等多种版本；针对这些不同的放映版本，李安及其团队都会根据特定的技术条件及其关联性进行专门的艺术表达和重新创作。通过这种方式，李安甚至在孤立无援而又不断反复的"折腾"下，在电影技术革命的基础上，反思了自己的技术革命电影。有心的观众、资深的影迷或专业的影评者，通过对这些不同版本的比较观看和专门分析，应能就技术与电影的最新关系以及李安的电影思想做出自己的基本判断或独特阐释；而世界电影的历史叙述，也将在技术革命的章节里探讨《比利·林恩的中场战事》，并观照该片的数个版本及其特殊意义。遗憾的是，迄今为止，受"好奇心"驱使的李安电影的"冒险"，在北美和中国的电影市场上，并未达到应有的预期。

即便如此，也不能以票房高低来评判李安"冒险"的成败，更不能以技术艺术二元的观点，怀疑甚至否认最新技术之于电影的价值。可以肯定的是，连平板电脑都不太会用的"技术盲"李安，至少已将最大限度的"清晰性"和"沉浸感"的这种"革命性"的电影观念，有效地植入从出品人到演员的各个环节，并在最新的技术哲学的高度上，再一次提出了"元电影"的命题。

早在电影诞生之初，看得更清楚或让观众更多地介入，就是电影技术和艺术发展的重要推动力，并在理论批评的层面上奠定了电影的思想文化根基。从匈牙利电影理论家贝拉·巴拉兹的"电影微相学"与"可见的人"，到法国电影评论家安德烈·巴赞的"摄影影像本体论"与"完整电影的神话"，再到法国当代技术哲学家贝尔纳·斯蒂格勒从技术与时间的角度对电影的时间与存在之痛的深刻揭示，都在将电影的技术探索导向更加深广的哲学领域。事实上，关于制作这部影片的动机，李安本人就是不断在用"清晰性"（"主要想把脸看清楚"）和"沉浸感"（"增强观影的亲密感"）来回答各方探询。为了达到这一目标，他也需要不断回到传

图3 《比利·林恩的中场战事》剧照

统的电影或影像即2D电影，并在与之进行对比阐释的过程中，凸显3D电影技术的哲学内涵。当此片在台北首映，李安接受媒体采访时，便谈论过"真实"的"美感"，以及"清晰"对"内心解剖"与"人性观察"的重要性；而在清华大学与冯小刚、贾樟柯的对谈中，李安将《比利·林恩的中场战事》的"冒险"描述为"好像重新学习走路"，并强调了自己借影片本身对好莱坞片场制度所进行的"反讽"。

与此同时，在片方发布的视频特辑里，技术总监本·热尔韦从人对"真"（或真实性）的永恒追求角度，解释了有必要在电影中尝试120帧+3D+4K的重要原因。在他看来，2D就像是一幅墙上的图画，虽然观众还可以接受那样的动作呈现，但人们的大脑仍然相信只有3D才是真实的。出品人罗德里·托马斯也从人类原初的观看经验出发，认为电影自从发明之后仍然停留在一秒钟24帧的状态，还没有被真正地改变过。《比利·林恩的中场战事》便提供了"极为独特"而且"前所未有"的观影体验。另一出品人马克·普拉特则站在"虚拟实境"的高度，充分肯定了影片带来的"清晰"和"真实"及其历史功绩。他认为，李安导演与他的团队，通过不断实验、修改以及永不停歇的突破，想要采用一种在电影历史上"前所未有"的新技术，以最高帧速率和极高的4K解析度，创造无比"清晰"而极度"真实"的新视界，将"虚拟实境"的经验带进一个"全新的境界"，把电影带到一个新的"临界点"。

相较而言，由李安选择并指导过的那些演员们，则更能体会这种新技术带来的"沉浸感"。比利·林恩的饰演者乔·阿尔文便表示，非常喜欢这个故事可以采用比利·林恩的视角，观众可以通过他的双眼，观看并体验军人生活的每一天。艾伯特的饰演者克里斯·塔克也有相似的认识，他认为，就像是身处这部电影之中，观众会真的"化身"为比利·林恩。比利·林恩姐姐凯瑟琳的饰演者克里斯汀·斯图尔特，同样体验到了就像"活在角色之中"的那种感受。

颇有意味的是，作为"元电影"的《比利·林恩的中场战事》，恰恰与其"清晰性"和"沉浸感"的"革命性"电影观念相辅相成，并以批判性的姿态和反思性的触角，在技术哲学的层面上将"清晰"的电影体验转换为"模糊"的世界观以至"陌生"的人性体察，进而对美国社会文化、伊拉克战争问题以及人性的孤独和异化等现象，给予了独特的聚焦与全方位的观照。正是在这一点上，影片体现出令人感同身受的深广性。

可以看出，通过"顶级"电影技术所呈现的清晰画面、纵深景深与观众视角，影片自始至终贯穿着针对电影、影像及其运作机制的反思和批判。比利·林恩之所以成为"美国英雄"，是因为他与伊拉克士兵生死搏斗的经历被一台遗留在战场的摄影机意外拍下；而他所在的整个B班，战事间隙回到国内参加的感恩节橄榄球比赛"中场秀"，除了现场的各种"表演"之外，还要通过运动场的超大屏幕面对"收看全国联播的四千万观众"；片中的艾伯特，作为一个野心勃勃的制作人，也总是不停地跟好莱坞联系，想要将B班的故事拍成电影；诸如"生活不是电影剧本""刚才那瞬间就像是电影的高潮"等对白，更是将包括战争、秀场与生活在内的一切，都展现为一场无差别的、直指资本逻辑与消费社会的"电影"。因之，人物与观众越加"沉浸"，画面与声音越加"清晰"，反而会使世界显得越加"模糊"，人性也会显得越加"陌生"。

回到影片里的一次记者招待会。当记者提问："你跟敌人有过面对面的交战，是不是很多士兵都能获得（given）这样的经验？"比利·林恩吃惊地反问："given？"观众前所未有地看到了主人公清晰无比的面部反应。然而，在主人公自己的视野里，除了那个同样清晰无比的、被他压在身下亲手杀死的伊拉克人复杂而又绝望的眼神之外，美国这个清晰无比的世界和在他身边出现的这些清晰无比的人，都已经逐渐模糊以至陌生。在跟战场一样陌生的秀场，成长中的比利·林恩泪流满面。他最终决定重返伊拉克，摆脱始终被操纵、被赋予（given）的命运。

三、回到银幕的观看

正如前面提到的露天电影，对于观众而言，银幕是技术在思考的直接展现。如果从最普遍而非最准确的意义上理解"电影"的话，相对不会引起太多争议的说法是："电影"至少必须与"银幕"联系在一起。

迄今为止，当我们在讨论"电影"的时候，无论在物质、技术的层面，还是在精神、文化的维度，有且只有"银幕"能够作为一种存在和存在的证据，表明"电影"曾经的样貌和特性，并跟1895年之前的"前电影"发起有效的对话；也才能在此基础上，跟"电影"诞生以来或者电视"荧屏"出现之后的多种视听方式进行必要的沟通，尤其是跟以电脑"桌面"和手机"屏幕"等移动终端为表征的"后电影"展开辨析，或者分庭抗礼。

在《词语》一书中，58岁的哲学家萨特不厌其烦且极为细腻地描述了7岁时的"我"被母亲带去电影院看电影的情景，半个世纪后，萨特还能清楚地记得和回味的，是自己跟电影在一起的"共同的童年"。结合萨特的生活经历和思想轨迹可以看出，如此精心的描述纯属作者的有意为之：

> 电影已经开演了。我们摇摇晃晃地跟着女引座员往前走，我觉得自己是个从事秘密工作的人，在我们的头顶上，有一束白光穿过大厅，白光里尘土飞扬，烟雾缭绕。一架钢琴发出马

的叫声，紫色的梨状灯泡在墙上闪闪发光，一股似消毒剂的油漆味直呛得我喉咙难受。黑暗中到处是人，里面的气味与梨状灯泡已在我身上溶合在一起了，我吞食着太平门上的安全灯，饱尝了它们的酸涩味道。我的背擦过别人的膝盖，我在一只吱嘎作响的椅子上坐下，母亲把一条折叠起来的毯子塞在我屁股下，让我坐得更高些。我终于看见了银幕，我发现了一支荧光粉笔和一幅幅闪动着的画面，画面被一阵大雨划上了一条条的线，老是在下雨，不管是在阳光下还是在房间里。有时候，一颗熊熊燃烧的小行星穿过男爵夫人的客厅，可她似乎毫不惊慌。我喜欢这种雨，喜欢这种能穿透墙壁的无休止的担忧。钢琴家开始演奏《芬格尔洞》的序曲，大家都知道罪犯要出场了：男爵夫人惊恐万状，但她那被弄得污秽不堪的美丽的脸庞却被一行淡紫色的字幕取代了，"第一部分剧终"。观众们突然从麻痹状态中醒悟过来，灯打开了。我这是在哪里？在学校？在行政机关？没有丝毫的装饰，成行的折叠式座椅排列在那里，露出底部的弹簧，墙上乱七八糟地涂着赭色颜料，地板上满是烟蒂和痰迹。大厅里一片嘈杂声。人们重新创造了语言，女引座员在大声叫卖英国糖果，母亲也给我买了一些，我把它们塞进嘴里，就像在吮吸安全灯。人们揉着眼睛，这才发现坐在身边的那些人，其中有士兵，有在附近帮佣的女仆，有一个瘦骨嶙峋的老头在嚼着烟草，还有一些不戴帽子的女工在大声笑着。所有这些人都不属于我们那个阶层，幸亏在正厅后排的观众里，不时出现一些在移动的大帽子，这才使人略微放心。①

----

① （法）萨特《词语》，潘培庆译，生活·读书·新知三联书店1988年版，第84—85页。

在萨特的描述中，7岁的"我"喜欢看跟观众"更为接近"的电影。因为在1912年左右的地区电影院里，大家都"平等地"坐在"不舒服"的座位上。"这种新的艺术是属于我的，就像它属于所有人一样。"为此，萨特表示："就智力年龄来说，我和电影是同龄。我七岁，可我已会阅读了；电影已十二岁了，可它还不会说话。人们说，它还在发展初期，它将会有很大的进步，我想我们将一块长大。"

相信电影会跟自己一块长大的萨特，最终仍然主要依靠文字的阅读和写作创造了自己的哲学体系。宣称文字"强暴了人"，认为文字文化"属于非物质的、抽象的、理性的文化"并"把人的躯体变成了普遍的生物机器"的匈牙利电影理论家巴拉兹·贝拉，早在1924年出版的《可见的人——电影精神》一书中就张开双臂，热情欢呼着电影摄影机这种"新机器"所创造的一种"根本改变人类文化性质"的新的"视觉文化"。按巴拉兹·贝拉的说法，电影中所展现的运动、人的面部表情和手势等，才是人类的最早的母语，我们正在开始慢慢回忆并力求重新掌握这种母语。它还很粗糙、原始，与用文字表现的现代艺术相比还有很远的距离；它虽然吃力且笨拙，却经常表达出连语言学家都无法表达的东西。这是由于它比会说话的舌头更早更深地在人类心中扎了根，同时它又是全新的事物。我们要从头到脚用整个躯体（不只是用文字）表明我们是"人"，不要把自己的躯体当成某种陌生东西或实用工具搬来搬去。即将到来的新的动作语言，正是来源于我们这个痛苦的欲望，而这种欲望只有当已变为沉默的、被遗忘的、看不见的却有着血肉之躯的人被唤醒时才能产生。总之，电影艺术的魅力就在于：它将把人类从巴别塔的咒语中解救出来；当人最终变成完全"可见的人"时，尽管语言不同，他也能"辨认出自我"。迄今为止，在赋予电影以生命庄严的努力中，没有人比巴拉兹·贝拉走得更远。

　　显然，是"电影"而非其他媒介建立了电影的放映机制，创造了区别于咖啡馆和剧院的"影院"系统并引入了迥异于舞台空间的"银幕"装置。这一"经典"的电影放映机制，因流动放映的需要和露天电影的形式而弱化了"影院"系统的必要性，这也使"银幕"成为这一放映机制中最显要、最不可缺少的一部分。事实上，跟发电机的电流、放映机的运转和光线在暗黑环境中的投射一样，"银幕"不仅必须在场，而且具有不可触摸的神秘性以及唤醒观众的仪式功能。

　　正是在这一方面，"后电影"跟"前电影"殊途同归。在短视频盛行和流媒体主宰的"后电影"年代里，电影和它的观众往往会因相对随意的链接而产生不断偶发的联结。这是一种无须特别相约的、可以随时暂停、偶尔慢放和经常快进的观影模式。电影放映以及"银幕"本身曾经拥有的神秘魅力和仪式功能消失殆尽；观察者和观众独自操纵或者默默伴随着身边的遥控器和电脑键盘，在与"后电影"永无止境的互动中体验着持续的落寞与永恒的孤独。

　　如果说，电影的发明以及电影艺术的进步，曾如巴拉兹·贝拉所说的那样"挑战"了文字书写的人类历史，把人类从巴别塔的咒语中"解救"了出来，那么，在"前电影"里并不真正存有，以及在"后电影"中已经缺席的电影放映机制及其"银幕"的在场，仍将重新唤醒孤独的人群，帮助人们通过彼此之间身心的交流抚慰，共同抵抗各种媒介和海量数据所造成的熟视无睹或无动于衷，重新赋予电影内外的生命以应有的庄严。

　　跟哲学家萨特一样，书写放映机制及其"银幕"记忆之于童年往事和人生经验的重要性，几乎在有史以来所有杰出的电影人那里都有所体现；几乎无一例外，这些杰出的电影人都对电影和"银幕"表达了超出常态的"迷恋"和"狂热"。英格玛·伯格曼如此，弗朗索瓦·特吕弗如此，黑泽明也不例外。这将成为电影、电影人、电影放映和银幕本身的记忆，在"后电影"的扑朔迷离中克服身份的迷惑，重建认同。

在《魔灯》一书中，伯格曼曾经描述，童年时的自己不仅对拥有一台电影放映机的渴望"胜过一切"，而且对第一次去电影院看电影的经历记忆犹新：

> 影片在斯图雷电影院放映，我坐在半圆形看台的第一排。对于我，这就是开始。我沉浸在一股经久不息的热情之中。无声的人影转过他们暗淡的面孔朝向我，用无声的语言与我心中最神秘的感觉对话。六十年过去了，什么都没有变，我依旧如此狂热。[①]

同样，特吕弗也在《影评人的梦想是什么？》一书中描述了自己逃学后不付钱偷偷溜进电影院看电影的经历。随着"看电影时引发的情感变得更加强烈"，特吕弗写道："我开始感觉到一种强烈的需要，想要'进入'电影之中。我坐得离银幕越来越近，为的是可以忽略电影院里其他的人和事的存在。……我常被别人问及，在与电影谈的这场恋爱中，我是从什么时候开始想要成为导演或影评人的。说实话，我不知道。我只知道我想离电影近一点，再近一点。"不得不说，特吕弗这种想要无限逼近银幕并"进入"电影之中的强烈情感，跟黑泽明的自传中所表达的感情异曲同工。在自传里，黑泽明表示："从我身上减去电影，我的人生大概就成了零。"

正因为电影和"银幕"跟人的生命之间始终存在着如此深切的关联性，法国当代思想家埃德加·莫兰才会在电影人类学与人类

[①]（瑞典）英格玛·伯格曼《魔灯》，张红军译，广西师范大学出版社2017版，第13页。

电影学互相交织的视野中考察"电影"和"人"的命题。在《电影或想象的人：社会人类学评论》一书中，埃德加·莫兰同样回顾了自己作为"在成长过程中与电影结下不解之缘"的一代人，电影是如何以其"强大的幻觉力量"控制人们的身体、激发人们的情欲，并带来一生中"最强烈的震撼"。对他来说，"银幕上的阴影"就是一道"动人心魄的灵光"，电影把"化身"和"幽灵"的古老世界神奇地再现于银幕，这些"化身"和"幽灵"使我们痴迷陶醉，难以自拔；它们嵌入我们的身体，向我们提供了未曾经历的生活，并以梦想、欲望、向往和规范滋养着我们的生活。更加令人惊奇的，不仅是那些能够捕捉和播放影像的"神奇机器"，还有人类神奇的"心理机器"；作为新生和整体的精灵，"电影"是一种"精神机器""思想机器"或"机器人"；"电影"没有双腿、身体和头颅，但每当光束投向"银幕"，这台"人类机器"便开始运作，"银幕"便成为一种新目光，并取代了我们的目光。

嵌入人类身体、取代人类目光并作为人类机器的"电影"，在获得了人类文化的新维度之后，又获得了人类与电影的二位一体，人类电影与电影人类合二为一。当人类把现实通过电流和光影投射到银幕之上，并展开自我想象的时候，银幕之上的人类的自我想象也就被成功地纳入人类的现实之中。

这种在想象与现实之间自由游走并以幻为真、技进乎道的文化技术实践，在电影被放映到银幕上并获得正式的命名之初，或者在19世纪末电影刚从欧美进入世界各地之际，便已经被世界各地的人们所体认；而在当今的"后电影"时代，数字电影和电影的数字化在摧毁电影放映装置及其"银幕"的时候，也在重建一种更大规模、更有深度的电影放映机制和一块又一块巨幅"银幕"。按媒体理论家弗里德里希·基特勒在《留声机 电影 打字机》一书中所言，既然"象征界"已经真正变成了机器的世界，"数字"也就成了一切"生命"的关键。在以数字技术为特征的、拥有巨幅"银幕"的电影放映过程中，"生命"一如往昔，可以而且必须被"电影"唤醒、震撼且与之合为一体。

我们知道，作为电影的物质基础，胶片总在持续不断地硝化和酸化之中，数字媒介也有自己的退降和衰竭形式；跟音乐演奏一样，电影放映及面向银幕的观看，每一次都是独一无二且不可复现的个人/个性体验，并跟生命本身联系在一起。正如保罗·谢奇·乌塞在《电影之死：历史、文化记忆与数码黑暗时代》一书中所讨论的那样，尽管每一种艺术都会遭到时间的蹂躏和空间的改变，但电影本质上更是一种"自动破坏"和"面向死亡"的媒体，通过放映机投射在银幕上的动态影像/人类生命，总有太多变量能够决定其观赏品质和特定模式，如注入光源性质、放映设备、影像载体的物理结构以及观影所在的建筑空间。因此，只要人们认为观影体验是可以无限次重复的，那么任何保护活动影像免受环境和心理因素影响的努力，就注定是徒劳。

这也就意味着，即便是在短视频盛行和流媒体主宰的年代里，人们仍然需要电影，电影仍然需要银幕。当人们从无所不在的影像中望向银幕，便获得了一种属于电影同时也属于观众的凝视和聆听。电影和它的观众也就组成了一对相约已久的、不可暂停、无法慢放和拒绝快进的生命共同体。银幕是观众的身心在电影装置和陌生人群中的定位，银幕的在场是电影的呼唤，电影的呼唤是一种生命的庄严。

四、当技术想要思考

再回到具体的电影作品。

时至今日，有关《阿凡达2》《流浪地球2》等中外各种"大片"，不少观众和评论者倾向于讨论其醒目的数字视效之于全片主题、叙事功能及其表达的意义，这确实是影片本身就想传达的主要信息，也是包括导演在内的主创团队，从一开始就花费大量投入和不少心力执着探索的重要领域。尽管在不同的场合，影片的创作者始终都在强调影片的创作跟当下观众的强劲关联，并希望观众明白，这些"很厉害"的电影，同样具备人物、故事与思想、情感，而不是只有重工业、大体量以及奇幻的视觉效果；但不得不说，这些基本完整使用虚拟拍摄技术，标志着中外电影工业化以及视效技术最新水平的影片，如果不对其技术探索和视觉效果予以评判，也就无法有效地评判其自身了。

当技术和视效想要表达和思考，电影就开始摆脱其原始的魔力及其奇观性带给观众的沉迷，而从社会学和通俗文化的视野进入美学和独立精神的范畴。然而，这种试图以"特技"传达某种独特的哲理或诗性的做法，或以"视效"创建整体性的象征或隐喻体系的行为，往往就会超越一般人群的认知水准，挑战普通观众的理解能力，并因票房失败而为项目本身带来不小的投资风险。遗憾的是，电影的历史及当前的状况，已经并仍在表明这一点。

在大多数时候，好莱坞不会犯下这样的"错误"，然而"正确"的好莱坞又总是遭遇电影内外与世界各地的人们各种解构和指责。事实上，早在20世纪50年代中期，美国影评家宝琳·凯尔（Pauline Kael，1919—2001）就严厉批评好莱坞生产的那些不断扩大规模、增强特效的大片，只为符合市场的逻辑而非攻克美学的难题，从而变得越来越没有思想、个性、激情和想象力。这种来自学界和业界的深刻批评，几乎跟好莱坞的技术拓展及其获得的全球霸权如影随形。受到好莱坞强烈刺激和深刻影响的中国当代商业大片，更是体现出资本的狂欢、特效的泛滥与内容的空洞、情感的冷漠，虽然吸引了观众赢得了票房，但却患上了宝琳·凯尔早就描述过的某种"精神分裂症"。

诚然，即便在好莱坞，特别是自20世纪90年代以来，电影也总在思想之中，电影的技术和视效同样如此。尤其如何通过电影思考技术和视效，或者说，如何通过技术和视效思考电影，也一直是《异形》《黑客帝国》《哈利·波特》《蝙蝠侠》《奇异博士》与《复仇者联盟》等系列电影暨视效大片有意无意都会指向的问题，或者说，往往成为部分观众、电影批评家或哲学家愈益关注并重点阐发的话题。在某种程度上，电影及其技术和视效，已经成为当代哲学思考存在、时间与空间以及真实、虚构与信仰等关键概念的重要基点。或许，正是因为思想者或哲学家的参与，好莱坞的系列电影暨视效大片不仅获得了丰厚的票房回报和再生能力，而且彻底洗去了附加于其上的，关于其罪恶、肤浅或无聊的各种诅咒。当思想者们在《钢铁侠》中面对"史塔克现实"，宣称永远无法打败，永远都会重新站起来阅读漫画、观看电影和思考哲学的时候，史塔克胜利了，现实也胜利了。也就是说，电影胜利了，哲学也胜利了。

这种多方共赢的局面，往往跟中国电影和中国哲学无关。中国生产的不少系列电影暨视效大片，虽然也在忙于创造系列、建构宇宙，但世界观的幼稚或价值观的敷衍，以及急功近利带来的技术破绽或视效缺陷，特别是多年来在叙事与情感等方面存在的痼疾，不仅很难令人真心认同其虚构的"人物"和"现实"，而且完全无法将其跟中国电影的"技术"和"哲学"联系在一起。

好在郭帆和《流浪地球》出现了，路阳和《刺杀小说家》也出现了。随着这两部大片的出现，中国电影的技术和视效也开始用中国人自己的方式，思考虚拟现实及其哲学命题了。拿《刺杀小说家》来说，就试图跨越媒介、叙事与审美边界，整合作者、文本与类型功能，见证技术、艺术与工业水准并引领行业、产业与工业方向，其创意与创新堪比此前的《流浪地球》。更重要的是，除了令人赞佩的技术创新、工业探索和视觉效果之外，影片在动作、思想与情感、趣味之间的关系处理，也达到了自然浑融的境界。作为一部具有作者意味的商业片或具有商业诉求的作者电影，影片在整体象征、细节隐喻及复杂意义的呈现方面，也表现出独树一帜的宏大格局。"小说家"的出场、石头的投掷姿势、钢笔在纸本上的书写、图书馆与文物字画的遭劫，以至日本动漫的深刻影响等充满"怀旧"的各种因素，不仅为"技术"找到了对应的落点，而且为"视效"安放了思想甚或哲学的基底。尽管由于各种原因，影片并未获得预想的票房业绩，但从超越票房决定论的角度，仍然可以高度评价这部影片的价值和意义。

技术不是"无思"，也不是"思想的障碍"。正如法国思想家贝尔纳·斯蒂格勒（Bernard Stiegler，1952—2020）所言，技术作为一种"外移的过程"，就是运用生命以外的方式寻求生命。作为一种话语隐喻，当《刺杀小说家》里两个世界的生命以特异的方式互动共生的时候，也就是中国电影从思想甚或哲学的层面思考技术和视效的时候。

当技术和视效想要思考，我们便可以期待一个属于中国电影的新的时代来临。

如何看待网络文学？

北京大学中文系　邵燕君

【内容提要】

　　本讲座从全球媒介革命的视野出发，探讨网络文学的概念，网络文学的特点及生产机制，网络文学评价标准的建立。讲座涉及的主要问题有：什么是网络文学？为什么网文不等于网络文学？网文与金庸小说有什么区别？为什么中国网络文学的起始点是金庸客栈？为什么中国网络文学走红海外？起点中文网的VIP付费阅读机制是如何建立起来的？其成功的关键何在？网络文学的经典标准是什么？有什么值得推介的优秀网文？

作者介绍

　　邵燕君，北京大学中文系教授，北大十佳导师（2019年），北京大学文学讲习所副所长，北京市评论家协会副主席。著有《倾斜的文学场——中国当代文学生产机制的市场化转型》《网络时代的文学引渡》《网络文学的新语法》等专著。主编《网络文学经典解读》《破壁书——网络文化关键词》《网络文学二十年·典文集/好文集》《中国年度网络文学（男频/女频卷）2015/2016/2017/2018—2019》《创始者说：网络文学网站创始人访谈录》。曾4次获得《南方文坛》年度优秀论文奖；第二届唐弢青年文学研究奖；专著《网络时代的文学引渡》获中国文艺评论2016年度优秀著作奖；主编的《破壁书——网络文化关键词》获第17届中国当代文学研究优秀成果奖。

　　中国网络文学自20世纪末兴起以来，获得了举世瞩目的发展。目前的用户已经有四亿多，注册作者有两千万左右。可以说人类历史上从来没有一种文学具有如此大的规模，有如此多的人参与。大家不但要读，还要写，正如起点中文网创始人吴文辉所说，"网络文学恢复了千万人的阅读梦和写作梦"①。网络文学发展的核心动力是什么？我们应该怎样看这样一种新的文学潮流？网络文学有哪些重要的类型？有什么值得推荐的作家作品？下面我们主要围绕以上问题进行讨论。

一、什么是网络文学？为什么"网文"不等于网络文学？

　　关于网络文学的概念，学术界虽尚无统一定义，但其新媒介属性，已受到越来越普遍的认可。互联网不仅仅是一种传播工具，更是一种生产性媒介。所谓"媒介即信息"，"网络性"构成了网络文学的内在属性。在这样的共识下，不但古典文学的电子版不会被算作网络文学，以传统纸质文学创作方式完成的文学作品，即使首发在网络上，也不能被算作纯正的网络文学。

　　然而，如果我们把网络文学的概念建立在媒介属性的限定上，其外延将无限宽泛。单从体裁来看，网络文学就应该包括一切以网络为媒介的文学，既包括小说、诗歌、戏剧、散文等传统文体，也包括直播贴、段子等网络空间出现的新文体。虽然今天一提起网络文学，一般指的就是起点中文网等文学网站上连载的长篇小说，但是，网络文学并不等同于网络类型小说。按概念逻辑划分，网络类

---

① 参阅邵燕君、肖映萱主编《创始者说：网络文学网站创始人访谈录》，北京大学出版社2020年版。

型小说应该是第三级的概念：网络文学—网络小说—网络类型小说。

　　事实上，网络类型小说也是个学术概念，只有学院派才使用。在网络文学圈内，写手和读者实际使用的概念是"网文"。网文与网络类型小说看似同义，其实存在着微妙的差异。类型小说是纸质商业文学发展成熟后的概念，具有明确的雅俗文学分类系统下的形态和功能。使用网络类型小说的概念，其实在不自觉间延续了纸质文学的脉络和逻辑。

　　网文则是网络出现不久即内生的一个"土著"概念，这里的"文"不专指小说，而是有点类似中国古代的"文章"。当人们说"网上有一篇文"时，可能指的是一个评论贴。不过，网文是专指类型小说，但是随着网络媒介的变化（如从PC端到无线端）和向"泛二次元"方向的转型，网文的形态也一直发生着改变。这让我们看到，小说类型模式真正提供的是一种经过时间积累沉淀后的快感模式。也就是说，求爽的网文与类型小说最深层的对接，并非叙述模式，而是快感模式。那么，当网络性进一步深入后，网文的快感模式会不会和叙述模式分离？也就是说，网文依旧求爽，但已经不再类型化？比如在近几年出现的"梗文"里，共时的粉丝社区间"玩梗"的乐趣明显上升，类型模式逐渐下沉为一种叙述基础。从"网络性"的角度出发，我倾向于用网文的概念。相对于从纸质类型小说概念延续而来的网络类型小说，网文更具有网络原生性，也更具弹性和未来延展性。

　　如果对于网文来说，类型模式都是可能剥离的，那么不能剥离的是什么？我认为是爽，也就是对读者的预期欲望和兴趣偏好的充分满足。千千万万草根读者的文学消费权获得前所未有的满足，其创作能量也得到极大激发。对网络文学概念的定义既要充分重视其新媒介属性，也不能回避其娱乐消遣性，但需要对互联网环境下消遣文学的功能和意义重新理解。对于作为目前中国网络文学主体的"网文",我在《以媒介变革为契机的"爱欲生产力"的解放——对中国网络文学发展动因的再认识》(《文艺研究》2020年第10期)一文中将之定义为以互联网为媒介的新消遣文学。相对于"五四"新文学运动定义的"消遣文学","新消遣文学"的"新"在于基于互联网的去中心化、多点互动等新媒介属性,具有了"自由享受"和"自由创作"的积极面。

在此定义下,网文的外延必然小于网络文学,它只是未来的网络文学之一种,"爽文学观"也仅仅是与"精英文学观"相对的文学观之一种。近年来,随着网文规模的日益壮大,其影响越来越超出亚文化圈的范畴,也被赋予越来越庄严的社会责任。然而,遵循"快乐原则"的网文,满足的是"本我"(id)的需要,与遵循"现实原则"和"道德原则",由"自我"(ego)和"超我"(superego)人格主导的精英文学,有着不同的文学属性和功能。网文貌似回避现实,其实也承担着不可或缺的社会职能。作为一套"全民疗伤机制"[①],它是一种底线上的防御机制,防御压抑对人类欲望的过度挤压。所以,与其拼命让网文提升,承担它担负不起的"认识世界,改造世界"的责任,不如给它减负,让它守住"初心",帮助人们"应付世界"。

网络时代,"主流文学"需要重建。近年来,在"主流化"的引导下,网文也在分化。比如,有一些作者积极写作现实题材的作品,获了很多政府奖项,有望成为"主旋律"文学的网络传人。这些"网文"也采用爽文模式,但爽已经不是目的,而是弘扬"正能量"、寓教于乐的手段。这类作品可以算作"主流文学"的一部

①"全民疗伤机制"一说的提出者是目前正在美国加州大学戴维斯分校攻读人类学博士学位的周轶女士。2013年12月周女士在我于北京大学中文系开设的"网络文学研讨课"上作专题报告时提出此说,尚未正式发表。我多次借用,特致感谢!

分，也是网文经多年积累为网络时代"主流文学"的重建做出的贡献。

如果网文中分化出来的"主流化"的作品越来越多（也包括自觉继承现实主义、现代主义等文学传统，更以思想性、文学性为追求的创作），那么"以爽为本"意义上的网文概念需要进一步缩小范畴。或许应该直接用"爽文"的概念，那样的话，"爽文"概念必须扩大，不能局限于"小白文"层面的"爽"，像"文青文""特色文"那些更能满足"高级爽"的网文，也应该被纳入进来。

总之，我认为，在理想的网络空间，文学可以按照现实原则和快乐原则分成两大类。每个人都可以自由地"登录"不同的文学空间，自觉遵循不同空间的文学原则。遵循快乐原则的"爽文"也可以有情怀、有教益，也能出精品、出经典，但以消遣本身为第一目的，快乐原则是这一世界的基本设定。

综上讨论，我们这里说的网络文学，按照我的定义，应该是网文。但是因为大家普遍都叫网络文学，我们也可以叫网络文学，但实际指的是网文。

二、为什么说中国网络文学的起始点是金庸客栈？

说完定义，我们谈谈中国网络文学的起始点问题。这个问题，近来网络文学研究界讨论得很热烈，重要的学者都参与了①。这个争论是我们研究团队引发的。这几年，我们一直在进行网文史的研

①主要文章有：邵燕君、吉云飞《为什么说中国网络文学的起始点是金庸客栈？》（《文艺报》2020年11月6日）；欧阳友权《哪里才是中国网络文学的起点》（《文艺报》2021年2月26日）；马季《一个时代的文学坐标——中国网络文学缘起之我见》（《文艺报》2021年05月12日）；邵燕君、吉云飞《不辨主脉，何论源头？——再论中国网络文学的起始问题》（《南方文坛》2021年第5期）。

究，通过大量史料的研究，以及对网络文学概念、性质的判断，提出关于网络文学起始点的新观点。

中国网络文学的起始点应该定在哪里？目前学术界默认的是1998年。这个年份碰巧（虽然稍嫌勉强）可以把两个事件聚合在一起：一个是台湾大学生痞子蔡连载《第一次的亲密接触》（1998年3月22日至5月29日，台湾成功大学猫咪乐园BBS），一个是美籍华人朱威廉创建榕树下主页（1997年12月25日）。以年代"纪元"可以回避一个难题，即到底应该以一部作品的诞生，还是以一个网络原创社区的建立作为网络文学的起始点？这个问题先按下不论，因为我们首先要反思，为什么是这部作品和这个网络原创社区被推出来？主流学术界的视野有没有局限性？

《第一次的亲密接触》和榕树下无疑都产生了广泛的影响力，但其影响力显然在传统文学圈更大。如果让网络文学圈的人回忆当年是怎么接触到网络小说的，得到的可能是不同的答案。说到作品，很多人会提黄易的《大唐双龙传》。如果限定在网络原创小说，目前不少"大神"共推的是罗森的《风姿物语》。罗森也是在大学（台湾交通大学）的BBS上连载《风姿物语》的，时间更早（1997年8月），历时更长（长达10年之久，2006年1月完结），体量（520万字）与《第一次的亲密接触》（6万多字）比，更不在一个数量级上。说到网络社区，很多人会说黄金书屋、卧龙居、大唐中文……如果限定在文学原创社区，很多人会说西陆BBS，再往上追溯就是金庸客栈。金庸客栈成立于1996年8月，比榕树下早。事实上，朱威廉1997年12月25日创建的榕树下只是个人主页，正式建站是在1999年7月。《第一次的亲密接触》真正在大陆产生影响也是在1999年11月大陆简体版由知识出版社出版之后。此时，台湾的元元讨论区，大陆的清韵书院、桑桑学院、西陆BBS、天涯论坛都已成立。

所以，如果1998年之说主要考虑到影响力的话，我们需要考量的是，这个影响力的辐射范围在传统文学圈还是在网络文学圈？弄清这一点后，结论也就显而易见了。《第一次的亲密接触》和榕树下被更多的主流学者关注，正说明了其过渡性质，纸质文学基因相对更强一些。

然而，讨论网络文学起始点的问题，光看影响力够吗？显然是不够的。对于网络文学这样一种借媒介革命乘势而起的超大规模文学来说，其起始点应该是新动力机制的发生地。只有新动力机制产生的内在影响力，才能推动这一新媒介文学高速成长20余年，形成自成一体的生产机制、社区文化、文学样态、评价标准。而外部影响力则可能包含一些偶然因素，比如较大的资本投入、政策影响、创始人或经营者的个人魅力、个别爆款，等等。这也就回答了文章开篇提出的问题，网络文学的起始点只能是一个网络原创社区，而不能是一部最早发生极大影响力的作品。即使是今天，被不少大神们认为是源头的《风姿物语》，也只能算作网文的源头，而非网络文学的起始点。我们要找的起始点，应该是能够聚集无数个罗森，产生无数部《风姿物语》的地方。

那么，该如何确定这个新动力机制的核心要素呢？我认为，应该用事实回溯的办法，而非概念推演。因为，如果按概念推演，网络文学最具新媒介属性、最具创新力的形式应该是超文本，而事实远非如此。以今天的目光回看中国网络文学的发展历程，我们基本可以认定：中国网络文学的主导形态是商业化类型小说，其生产机制是起点中文网于2003年10月成功运行的VIP付费阅读制度，这一制度将消费经济的基因和互联网的基因相结合，从而产生了中国网络文学独特的商业模式和文学模式，即基于UGC（User Generated Content）的粉丝经济模式和"以爽为本"的"爽文"模式。[1]——

①参阅邵燕君、肖映萱主编《创始者说：网络文学网站创始人访谈录·前言》，北京大学出版社2020年版。

如果这一判断可以得到基本认可的话，我们要做的就是考察网络文学发展早期的文学原创社区的运行模式，看看是否有哪一种模式具备了以上核心要素，可以作为后来模式的基础。答案是金庸客栈代表的论坛模式。

金庸客栈是中国最早的以文学为主题的网络论坛，也是中国网络文学萌发期最有影响力的文学原创和评论平台。它是堪称中国互联网前驱的利方在线（新浪网前身）下设的垂直论坛①，与它一同诞生的另一著名论坛是体育沙龙。武侠和足球，这两大话题聚集了当时活跃在互联网的才子型写手（如李寻欢、宁财神、老榕等），名帖频传，领一时之风骚②。诞生于这样一个互联网环境中的论坛模式，天然具有网络基因，去中心化，网友自由发帖，多点互动，成为中国第一批网民同好聚集的趣缘社区，被许多"住客"视为网上的精神家园。

与金庸客栈开启的"论坛模式"相比，榕树下实行的编审制度就明显带有纸媒逻辑。榕树下素有"网上《收获》"之称，"线上投稿—编审刊发—择优出版"的运营机制，亦可视为商业出版机制的网络延伸。当然，从发稿量来看，榕树下远远大于纸质文学期刊和出版社，即审即发、稿量不限、读者可留帖互动的模式，也突破了《华夏文摘》《新语丝》等网刊模式的限制。但其最早的主页模式一直延伸到网站模式——只是编辑从朱威廉一个人扩展为一个阵容豪华的编辑部。但与取消"编辑把关制"的"论坛模式"相比，

---

①1998年12月，新浪网络公司成立，四通利方与华渊资讯网合并而成立新浪网。金庸客栈被整合到新浪门户网的历史文化社区下，并长期位居新浪论坛的首席。

②1997年11月2日，老榕在体育沙龙发表《大连金州不相信眼泪》，痛惜中国第六次冲击世界杯失利。48小时之内，点击量就超过两万次，被当时几乎所有的中文论坛转载，又被《南方周末》等超过600家媒体转载。它使传统媒体和读者第一次真正意识到了网络的存在。所以，也有人认为老榕的帖子是最早产生巨大影响力的网络文学。

仍具有媒介变革的过渡性质。①

金庸客栈开启了中国网络文学的论坛时代，之后，清韵书院（1998.2）、桑桑学院（1998.5）、天涯论坛（1999.3）、西陆BBS（1999年初）陆续建立起来。西陆BBS堪称男频网站的总孵化器，随着龙的天空（2001.1）、幻剑书盟（2001.5）、起点中文网（2002.5）纷纷从中独立出来，网络文学进入了商业网站时代。这些社区的论坛模式未必都受到金庸客栈的影响，但不管其中有没有传承借鉴关系，论坛模式本身是相通的。换句话说，在一个没有"把关系统"的互联网空间，论坛模式是最自然、普遍的模式，榕树下的编辑统摄模式才是例外。

金庸客栈本身是非营利性的，论坛时代的文学社区基本都是非商业性的，大都寄居于互联网免费空间。但论坛模式却含有商业因子，与类型小说也有亲缘性。原因是，它们是同好聚集的趣缘社区。中国的草根读者中本来就有着大量的"故事群众"，自80年代中期以来，又被海量涌入的各种盗版通俗小说喂养成类型小说的消费者，数以亿计的人嗷嗷待哺②。这就意味着，只要网络空间不被精英文化所主导，网络文学就一定以类型文学为主导。论坛的自由模式使千千万万的文学消费者被赋权，成为后来网络文学商业模式建立的基础。金庸客栈的诞生是偶然也是必然。偶然的是，其母体本是利方在线的技术论坛，因解答客户技术问题，客观上为网友提供

①其实，榕树下也有网友可自由发帖的论坛版块，落选的作品可以贴在这里。其中，陈村任版主的"躺着读书"曾一度十分活跃。然而，因为有编辑把关制，被编辑选中并且能够正式出版的作品更主流，作者也更有荣誉感。而在金庸客栈等论坛模式下，网友不但发帖自由，其荣誉感也在网络内部获得，更体现了网络去中心化的媒介属性。
②参阅邵燕君、肖映萱主编《创始者说：网络文学网站创始人访谈录·前言》，北京大学出版社2020年版。

了当时罕见的网上交流平台；必然的是，有华人处就有金庸①。

天马行空的论坛文化也必然焕发出巨大的创作活力。作为以评论金庸小说和原创武侠小说起家的论坛，金庸客栈上承以金庸为代表的武侠小说传统，下开"大陆新武侠"和东方奇幻的创作潮流。曾是"大陆新武侠"的代表人物（凤歌、沧月、小椴、杨叛等）的聚集地，东方奇幻的代表作"九州"系列即孕育于此，其发起者和核心创作者水泡、江南、今何在都曾长期活跃于金庸客栈。今何在的《悟空传》（2000年2—4月）更一度被誉为"网络第一书"，是网络文学早期的重要代表作。

回到本文论题，为什么金庸客栈应该被锚定为中国网络文学的起始点？其依据按重要性排序，首先是论坛模式的建立，为网络文学的发展提供了动力机制；其次是趣缘社区的开辟，聚集了文学力量，在类型小说发展方向上，取得了成绩，积蓄了能量；再次是论坛文化的形成，成为互联网早期自由精神的代表。相对而言，标志性的文学成果倒是锦上添花。如果《悟空传》没有诞生在金庸客栈，而是像"九州系列"一样，诞生在今何在等人出走清韵书院之后（2001年），金庸客栈还可以被认作中国网络文学的起始点吗？应该还是可以的。当然，有了《悟空传》就圆满了，这是研究者的幸运。

不过，此论还是有不圆满之处。作为网络论坛的先驱，金庸客栈比较偏于小众精英，与后来构成网络文学主体的人群在文学渊源上隔了一层。那个主体人群的上网路径是，从黄金书屋等书站看书，然后落脚到西陆BBS，最后进入龙空、幻剑、起点等文学网

---

① 新浪首任总裁兼CEO王志东曾在2000年9月10日的"西湖论剑"上公开表示，新浪能在全球华人中占领位置，谈金庸、谈武侠小说的话题起了相当大的一个作用，也是在这次论坛上，金庸亲笔为金庸客栈题名。

站①。他们更喜欢的小说类型是偏本土化的玄幻（科幻、西方奇幻、武侠、仙侠的融合）。金庸客栈孕育的大陆新武侠、东方奇幻并没有在后来的网络文学中得到延续，而是回到线下发展（依托《古今传奇·武侠版》《科幻世界·奇幻版》《九州幻想》等杂志）。尽管如此，金庸客栈与西陆BBS在运行模式（论坛模式）和文学形态（类型文学）上是一致的，隔膜仅仅在于网民趣味的差异。

中国互联网早期的网民按上网时间和上网路径的不同，主要有三个来源。最早的是高校校园网（1994年7月教育网开通，1995年8月第一个高校BBS"水木清华"在清华大学诞生），其后是商业网站的论坛（如金庸客栈，1996年8月），再其后是1996年以后陆续开通的各省市信息港（黄金书屋、晋江文学城、红袖添香、潇湘书院等著名书站和网站均属于此类，西陆BBS的创始人邹子挺即是原西安古城热线的技术骨干）。

三个路径的人群中，大致是越早上网的越小众精英，越晚上网的越大众草根，但都是相对而言的②。水木清华虽然孕生了"大话西游"等流行话题，但不是以文学为主题的论坛，并且封闭性较

①龙的天空创始人Weid曾在《网上阅读十年事》中生动地描述过他在黄金书屋之后的漫游轨迹，"于是大唐中文，于是晨星号，于是爱心小屋，于是卧虎居……并最终发现更新最快的地方是在论坛——于是西陆BBS。这是一串清晰的价值追寻的脚印，提供各种实体书的网络阅读版本的站点留不住我；提供各个站点最新更新小说目录检索服务的站点留不住我；提供各种独有的原创小说的站点留不住我；提供各种原创小说的最精致排版版本的站点还是留不住我。我最终停留的地方是，一个能让我最快看到最新最多原创小说，并能和一批同好聊天打屁的地方"。该文发布于龙的天空论坛，发布日期：2008年6月15日，当前版本为作者2010年5月9日修订。
② 根据中国互联网络信息中心CNNIC发布《中国互联网络发展状况统计报告》，截至1997年10月31日，中国上网用户数62万，1998年底210万，1999年底890万，2000年底2250万，2001年底3370万。到了商业网站开始建立的2002年增至5910万，是金庸客栈建立时期的100倍左右。尽管如此，此时的网民也是比较偏小众精英的。精英与大众、老白与小白的论争贯穿了整个网络文学发展的历程。

强；西陆BBS虽然直接孵化了起点中文网等商业网站，但本身没有凝聚性的论坛文化，只是一个供人免费开版的社区空间。相对于更早的高校BBS和更晚的西陆BBS，架构在新浪网的金庸客栈兼具早期论坛的形态活泼和商业化之后类型化趋向，在长达4年多（1996—2001）的活跃时期中产生了巨大影响①。将之锚定为起始点，既能标识出中国网络文学以类型小说为主导的特征，又能使这一概念比较宽泛，具有某种弹性。

关于中国网络文学的起源问题，我们赞成多起源说。每一条大江大河都是由多条河流汇聚而成的，何况互联网本身就是去中心化的。《华夏文摘》可以作为北美华人文学的源头，但很难说是华语网络文学的源头。因为中国台湾的网络文学自有其源头，我们倾向于定为元元讨论区（1998年）或诞生了《风姿物语》（1997年）《第一次的亲密接触》（1998年）的高校BBS（始建于1990年底），甚或上溯到Tiger two（虎二站）BBS（1994年10月）。如果超越国别、地域，单以语种论，以《华夏文摘》为代表的网刊平台，或可作为汉语网络文学最早的发生地。之所以不称源头，是因为源头便意味着源流。互联网空间理论上是相通的，但事实上被无数趣缘空间所阻隔。没有明显渊源关系的文学，只能按时间节点排序。

但中国网络文学的源头只能在中国大陆，也可以分为几个脉络。以起点中文网为代表的网络类型小说（网文）的源头，可以

---

① 金庸客栈最黄金的时代是罗儿任版主的"罗儿时代"。随着互联网的整体环境更向大众开放，金庸客栈最富生机的、带有精英民主色彩的自由发帖机制遭遇困境。2000年8月，新老网友之间、网友与版主及管理员之间积郁多时的矛盾爆发出来。此后又爆发数次"新老之争""砖水之争"，导致大批"老客"陆续出走到清韵书院、彼黍离离等论坛，金庸客栈由盛转衰。此后西陆BBS等更具专业性的原创文学论坛崛起，网络文学的"论坛时代"告一段落，金庸客栈也更加边缘化。2017年，新浪历史文化社区关闭，金庸客栈也随之闭站。

追溯到开启论坛模式的金庸客栈（1996年8月）；榕树下（1997年12月）开辟的则是与纸质文学传统更具连续性的精英文学脉络；"女性向"文学也可以梳理自己的脉络，其起始点应该是桑桑学院（1998年5月）。虽然源头各异，但正源只能找主脉。恰巧，金庸客栈建立时间也是最早的，既是主脉又是最早，免去了很多麻烦的论证。

三、为什么网络革命在全世界发生，中国网络文学独成奇观？

在网络文学的定义和起源中，我们都着重强调网络文学的网络性。然而，如果从媒介属性的角度出发，我们就不得不回答一个问题，为什么网络革命在全世界发生，中国网络文学独成奇观？这个问题的潜台词是，为什么文化发达的欧美没有网络文学或至少不那么兴盛呢？这是不是意味着网络文学很low？而且，说不定并不是什么新媒介的文学，反而很旧，是被"五四"新文学压下去的"旧文学"的沉渣泛起？

几年来，我们不断地试图回答这个问题，而且这种回答不得不带有自辩性质。近年来网络文学的海外传播证明了，恰恰是网络性让中国网文跨越了国界和文化的阻隔，在被网络重新"部落化"的"地球村"获得了广泛的亲缘性。

2014年12月，美籍华人赖静平（网名RWX）建立第一家中国网络文学英译网站Wuxiaworld（武侠世界），被认为是中国网络文学在英语世界传播的开端，由此也引发了国内对网文"出海"现象的高度关注。其实在进入英语世界之前，中国网络文学早已经由香港、台湾进入东南亚。因为Wuxiaworld的巨大成功，2015和2016年相继有数百个中国网络文学翻译网站出现。这些粉丝翻译网站在成立之后发展迅速，在2017年，各主要的粉丝翻译网站逐渐以与国内网站合作等方式基本解决了版权问题。在海外粉丝自发翻译的促动下，中国网站也很快自己搭建海外平台。阅文集团于2017年5月正式上线起点中文网国际版，开启了中国网络文学对外传播的"官方路径"，为中国网络文学进一步走出去提供了新动能。目前，中国网络文学已经在美国、加拿大、俄罗斯、法国、意大利、马来西亚、印度尼西亚、新加坡、泰国等数十个国家广泛传播，不期然间，中国网络文学的魅力已经散播到全世界，尤其是早期在没有政府和资本护航的情况下，经由粉丝渠道在网络亚文化空间安营扎寨，进入了"老外"粉丝们的日常生活，这确实是前所未有的。

如此大踏步地"走出去"自然是极大地提升了中国网络文学界的文化自信（甚至多少让人有些不敢相信），自被研究者发现后发布以来[①]，各级政府部门高度重视，媒体也集中报道[②]，将中国网络文学打造成可与美国好莱坞、日本动漫、韩国电视剧并驾的代表国家软实力的世界流行文艺——这一文化战略目标也自然被提出。另一方面，从研究者的角度来看，中国网络文学走红海外也为自己提供了一个反身自认的机会，那些生活在畅销书机制高度成熟、流行文艺极度发达国家的西方读者为什么对中国网络文学青眼有加？吸引他们的到底是什么？借由"他者"的目光，我们才能更加准确地

[①]2016年春季在我于北京大学中文系开设的"网络文学研究"课程中，同学们在日常观察中发现此现象。我在全国第二届网络文学论坛的主旨发言中报告此事，引起各方高度重视。此后，我们一直推进这一课题的深入研究，目前已在《文艺理论与批评》2016年第6期发表了论文《"征服北美，走向世界"：老外为什么爱看中国网络小说？》（吉云飞）和访谈《美国网络小说"翻译组"与中国网络文学"走出去"——专访Wuxiaworld创始人RWX》（邵燕君、吉云飞、任我行）。

[②]最早报道的报纸有《人民日报》（2016年12月15日）、《北京晨报》（2016年12月16日）、《光明日报》（2016年12月19日），《北京日报》（2016年12月27日）、《中国日报》（China Daily，2017年1月6日）等。《南方人物周刊》（2016年第32期）、香港《凤凰周刊》（2017年第4期）、《瞭望东方周刊》（2017年第4期）等，都做了相关话题的封面报道。

认清自己的核心属性，找准文化定位。也就是说，我们需要从全球媒介革命的视野，来考察中国网络文学的"走出去"，更要在这一视野上，考察中国网络文学从哪里来，到哪里去。

许多"老外"粉丝在谈到某个网文时，会自然谈及某个游戏的背景，从"龙与地下城"开始，西方的"桌游"和电子游戏本来就是中国网络文学的一个重要文化源头。对于他们来讲，中国网络文学首先不是中国的文学，而是网络的文学，是属于"网络人"的文学。而在他们自己的国家，虽然类型文学有着近两百年的发展历史，却是纸质文学，与网络空间隔着一层"次元之壁"。可以说，正是借助媒介革命的力量，中国落后的类型文学获得了"金手指"，率先进入了网络时代，从而具有了媒介文化的先进性。

中国网络文学的海外传播之所以发生"逆袭"，恰恰与我们此前类型小说的"废柴"状态有关——出于种种原因，我们的类型小说生产机制在纸质时代没有建立起来，没有培养起一支创作力旺盛的类型小说作家队伍，没有培育起一个庞大的读者群，更没有形成一个充分细分、精准定位的市场渠道。这种巨大的阅读需求和创作潜力，都伴随网络革命的到来而爆发了。相反，欧美就是因为在印刷文明时代畅销书机制太发达、太成熟，其生产机制虽然凭借强大的惯性一直到今天仍然能进行运转，却难免陈旧，这才给了中国"逆袭"的机会。

其实在网络时代，文学作为"文字的艺术"已经不是"最受宠的艺术"，"最受宠的"是作用于人的全面感官的视听艺术和更具网络"二次元"属性的ACG（动画、漫画、电子游戏）文化。所以，在西方，进入网络时代以后，文学开始出现边缘化趋向，优秀的类型小说作家一般都留在纸质畅销书机制内，网络基本上是先锋实验文学和非营利的同人写作的免费乐园。"所幸"的是，和"废柴"的畅销书生产机制相仿，中国的影视生产机制也相当"低阶"，ACG文化生产则是近几年才开始起步。所以当90年代末网络的"自由空间"从天而降时，人才资源最丰富、门槛最低的网络文学自然成为首选。网络文学不但吃下了类型小说这块原本属于"纸质文学"盘子里最大的一块蛋糕，并且得到了海外影视和ACG文化的反哺——网络文学中大量的重要作者和铁杆粉丝正是多年来英美日韩剧、ACG文化哺育的"粉丝"——这些网络时代更"受宠"的文艺形式本来是应该与网络文学"抢人"的，此时却成为网络文学发展的生力军。

应该说，正是如此的阴差阳错导致的天时地利人和，造就了中国网络文学十几年"自由"发展的黄金时期，使其获得了独步于世的爆炸性发展——它是一个特例，但并非特异，这个特例恰恰展现了网络文明下文学可能的繁荣形态。

我们经常听到一种说法：西方人在地铁里读大部头书，中国人在地铁里看手机。这种自卑的说法掩盖了两个事实：第一，很多西方人是在相对舒适的地铁里看纸质类型小说；很多中国人是在相对拥挤的地铁里看网络类型小说。两者之间并无雅俗高低可言。第二，在全球阅读人口普遍下降的今天，中国的阅读人口逐年上升，2021年网络文学用户已超过4亿。

中国的网络用户也同样被视频、游戏吸引，但他们同时爱看小说，原因是什么？只能是因为中国的网络小说好看。同样，一群"老外"，愿意跨越文字和文化的障碍，自发追更翻译中国的网络小说，并且迅速膨胀成为一项生意，这说明什么？也只能说明中国网络小说好看，至少对他们来说，比亚马逊上卖的拥有一两百年传统的欧美畅销书更"带感"，比伴随日本ACG文化传播而在西方已经落脚了一二十年的日本轻小说更"带劲"。古老的"类型性"与新鲜的"网络性"相结合，使网络文学具有了可与动漫、游戏相匹敌的而又不可替代的"爽"。

和以往精英文化输出方式不同，中国网络文学的海外传播最生猛的力量在于其"一视同仁"地打通了海内外读者的"快感通道"，什么叫进入读者的日常生活呢？就是我看你，不是因为你是中国的，而是因为你是最好的。我第一次走进一个中国餐馆可能是因为猎奇，以后还去，经常去，不去就难受，只能是因为好吃。所以在文化输出上其实有一种真刀真枪的博弈。说白了，哪个国家的艺术更让人们喜爱，更能稳定持续地满足其日益刁钻的胃口，才会更有影响力。"刚需"才是硬道理。

从目前整理的情况来看，这些老外粉丝爱看中国网络小说的原因和国内的粉丝差不多，就是"爽"，"屌丝的逆袭"这一主打爽文模式具有相当的"普适性"——原因很简单，大家都是"屌丝"。"占领华尔街"运动告诉我们，99%的美国人也是"屌丝"，而著名左翼理论家齐泽克在运动间的街头讲演中，居然特别提到中国的穿越小说，羡慕中国人依然具有"幻想另外一种可能性"的能力，而在他们那里，"梦想的能力"已经"被占统治地位的系统压制了"。不管这种羡慕于我们而言是幸运还是悲哀，至少从另一个角度告诉我们，这些年来野蛮生长出来的中国网络小说，不但在中国巨大的社会转型中，形成了一套"全民疗伤机制"，如今也在抚慰众生——这当然是犬儒的，但是身处全球性的"启蒙绝境"（齐泽克）的屌丝们，大概也只有在梦中逆袭。白日梦一直是文化工业的主菜，借助网络这一先进媒介的烹炒，更加活色生香。一个"屌丝的逆袭"的故事，被无数网文反复讲述，不同的性向（"男性向""女性向"）、不同的类型、不同的"流"，分门别类地满足着不同细分人群的深切欲望。

"网络性"使中国网络小说在部落空间获得了广泛的亲缘性，在生产机制方面也大大突破了纸质书的限制，数百万字的长度，追更、互动、订阅、打赏的机制，是中国网络文学独创的。"老外"

们不但感到新鲜，更震惊于超大的产业规模。而且，不要忘了，中国是一个有着数千年讲故事的传统的大国，民间高手不计其数。通过网络这样一种先进媒介形式，各种潜在的文学资源和活力被重新激发并组织起来——几百万的作者、几亿的读者同时在网上写着，读着，打赏着，对话着，也包括对骂着——这样的生产方式和规模确实是人类历史上空前的，生产出最好看的类型小说是不足为怪的。

当然，老外粉丝们爱看中国网络小说的另一个原因是"新鲜"，也就是"中国性"。在以前的文化输出中，我们特别注重"中国性"，所谓"越是民族的，越是世界的"，这是80年代"寻根文学"的口号。今天看来，这一思维带有农业文明的印记，在这一思维模式下，"中国"难免以其文化奇观形象呈现在更现代的西方文化视野中。事实上，在"地球村"的时代，只有"越是网络的"，才有可能"越是世界的"。也就是说，"中国性"要通过"网络性"才可能展现出来，只要是中国的网络小说，自然会携带"中国性"。

从全球媒介革命的视野出发，我们可以更加明确中国网络文学的独特性质及其在世界网络文艺中的定位：中国网络文学是世界网络文艺的一部分，它的诞生深受世界流行文艺的滋养，以中国原创的生产机制为动力，为类型文学这一在印刷媒介中成熟的文学形态插上了网络的翅膀，使其在总体数量规模和类型丰富度等方面都获得了长足发展。当中国网络文学再次走向世界，不但展现了中华文明的传统魅力，也使文学这一古老的艺术形态焕发青春，继续成为当下世界网络文艺中的活跃部分。中国网络文学对世界流行文艺"反哺"，也在一定程度上加速了世界文学的媒介变迁。

四、网文的主要类型举例

网文的"类型"是按人的基本欲望和审美趣味的差异形成的，根植于"粉丝经济"的"网络性"，使原本依据读者不同口味而形成的"类型性"获得了新的生机。

中国网络文学发展二十几年来，产生的"类型文"的丰富性是古今中外前所未有的：既有从西方舶来的，如奇幻、侦探、悬疑、言情，又有从中国通俗小说继承的，如玄幻、武侠、仙侠、官场，还有在"拿来""继承"后发扬光大的"耽美""穿越"等，更有本土原创的"盗墓""宅斗/宫斗""修真""练级"等。在各种"文"的大类下，还有各种分类更细的小类或变化更快的"流"，如"仙侠·修真"类中有"修真流""洪荒流"，"玄幻·练级"类中有"凡人流""无限流"，"都市言情"类中有"总裁文""高干文""宠/虐/暖文"等，"宫斗·宅斗"之后有"种田文"，等等。正是借助网络媒介提供的细分和互动功能，网文类型才得以层出不穷、变动不居。下面列举几种最有影响力的网文类型。

1. 奇幻

中国网络文学最早出现的一种类型，是基于西方风格的架空的异世界的作品。中国奇幻类网络小说的基本特征有：西式的人名、地名，主要以"魔法"命名的超自然力量，兽人、精灵、矮人、天使、恶魔等西方风格的超自然种族。符合这些基本特征的，通常意义上可以被归入"奇幻"范畴。奇幻又分为两个脉络："正统西幻"和"西式奇幻"。"正统西幻"的世界设定会较为严格地遵循桌游"龙与地下城"为主的经典西方奇幻设定，"西式奇幻"则大刀阔斧地改变经典设定，部分新设定甚至引入了中国元素。代表性作家作品有：《迷失大陆》（读书之人，2002）、《亵渎》（烟雨江南，2003）、《奥术神座》（爱潜水的乌贼，2013）等。

2. 修仙

"修仙"，又称"修真"，长期也被混称为"仙侠"，是在欧美与日式幻想文艺的刺激下，从传统武侠和神魔小说中生长出来的一种对内容和结构有较强规定性的中国风的网络幻想小说类型，讲述的多是由人修炼到仙的故事。

修仙小说是当下最流行的网络小说类型之一，也是最具本土特色的小说类型。按照故事发生的世界背景，可以分为四个子类：以中国古代社会为背景的古典仙侠（萧鼎《诛仙》，2003）；以宇宙星空和架空世界等幻想空间为背景的幻想修仙（萧潜《飘邈之旅》，2002）；以现代社会为背景的现代修仙（忘语《凡人修仙传》，2008）；以创世神话、《封神演义》和《西游记》为背景的洪荒封神（梦入神机《佛本是道》，2006）。

3. 玄幻

中国网络小说中最大的一种类型。"玄幻"一词最初是香港作家黄易用于描述他自己的"建立在玄想基础上的幻想小说"，后来广泛流传衍化，含义已完全不同。在网络小说中，狭义的"玄幻"是指其幻想世界设定的文化背景和根源既不是来自系统化的中国风格的修仙小说，也不是来自西方传统的奇幻小说，而主要由作者自己根据需要而拼凑和搭造的。广义的"玄幻"，相当于"高度幻想"型小说，是指小说中的虚构世界不以现实世界为依据，不遵循现实经验规律，完全是由幻想构成的。

由于玄幻是一个没有一种占统治地位的系统化设定的类型，主流的网络文学网站对它的划分和指认也极其随意，这使玄幻实际上沦为一个类型大口袋，凡是不能归入修仙与奇幻的幻想小说，都可以放到这一类型之下。随着《斗罗大陆》（唐家三少，2008）、《斗破苍穹》（天蚕土豆，2009）等玄幻小说的超级流行和跟风之作遍布全网，在一般网文读者眼中，玄幻逐渐成为热血升级小说的同义词；在圈外人的耳闻里，玄幻更成为网络文学的代名词。

4. 穿越

网络小说中的"穿越"是指主角由于某种原因（通常是意外事件）到了过去、未来或平行时空。早期男频穿越小说主要有"历史穿越""穿越架空""集体穿越"（群穿）和"古穿今"等类型。历史穿越小说是主角穿越到有确切记载的历史时空中，代表作有中华杨的《异时空之中华再起》（2002）、月关的《回到明朝当王爷》（2006）等。穿越架空小说，即主角穿越到一个虚构的时空之中，代表作有宁致远的《楚氏春秋》（2006）、禹岩的《极品家丁》（2007）等。集体穿越和古穿今（从古代穿越到现代）的小说很少见，张小花的《史上第一混乱》（2008）是为数不多的获得成功的写群穿的古穿今小说。

女频穿越作品中，最早的代表性潮流是"清穿"，即清朝穿越。2004年7月，金子开始在晋江原创网连载《梦回大清》（2004），后来被公认为是清穿文的鼻祖；随后，桐华的《步步惊心》（2005）和晚晴风景的《瑶华》（2005）也开始连载。这三部作品被读者封为"清穿三座大山"（另有一种说法是第三座大山并非《瑶华》，而是月下箫声于2005—2007年连载的《恍然如梦》），它们不仅使清穿迅速成为创作热潮，还基本确立了清穿类型叙述模式的基本范式。

随着网络小说类型的丰富发展，穿越作为基本元素融入许多类型中，现在人们已经很难用"穿越"来概括一部小说的基本设定了，更多地将其作为一个标签，进入具体的类型分析。

5. 重生

重生即重获生命，死而复生。网络小说中的重生是指主角因为某种原因（通常是重病或意外事件），其记忆与意识（灵魂）通过时空旅行回到了过去的身体，重新过一遍人生。代表作：周行文

《重生传说》（2004），庚不让《俗人回档》（2014），青罗扇子《重生之名流巨星》（2009，女频）。

重生也与穿越密不可分，在早期相当长的时间里，重生和穿越的概念是交杂、混用的。2009年前后，随着男频重生类型的发展成熟，以及女频重生代表作的出现，重生才逐渐与穿越区分开来，成为独立的类型和情节元素。此后，重生与穿越一样，成为常用的设定情节元素。

五、网文经典标准的建立和代表性作家作品推介

作为一种新媒介文学，网络文学研究需要建立独立的评价标准。根据这些具有经典性指向作家的创作实践，以传统的文学经典标准为参照，结合"网络性"和"类型性"，我们可以从典范性、传承性、独创性、超越性四个方面提出"网文经典"的初步标准——网文"经典性"特征。其典范性表现在，传达了本时代最核心的精神焦虑和价值指向，负载了本时代最丰富饱满的现实信息，并将之熔铸进一种最有表现力的网络类型文的形式之中。其传承性表现在，是该类型文此前写作技巧的集大成者，代表本时代的巅峰水准，并且，首先获得当下读者的广泛接受和同期作家的模仿追随。其流传也未必是作品本身被代代相传，而是被后来作家不断致敬、翻新乃至戏仿、颠覆，成为在该类型文发展、转化进程中不可绕过的里程碑和基础数据库。其独创性表现在，在充分实现该类型文的类型功能的基础上，形成了具有显著作家个性的文学风格。广泛吸收其他类型文以及类型文之外的各种形式的文学要素，对该类型文的发展进行创造性更新。超越性在于，在典范性、传承性、独创性等方面都达到极致的作品，可以突破其时代、群体、文类的限制，进入更具连通性的文学史脉络，并作为该时代、群体、文类的样

本，成为某种更具恒长普遍意义的"人类共性"的文学表征。

网文发展至今，各种类型都涌现出多位"大神"级写手。在此基础上，也出现了一些"经典性"指向的作家，他们首先是"类型文大神"，但是他们写作的意义和价值已经超越了类型文的范畴。这种超越不仅指他们的写作是跨类型的——他们往往有意尝试多种类型，并且会根据小说的主题和基调选择最适合的类型，有时也会融合几种类型——而且指他们超越了类型小说在价值观和成规惯例的限制，类型的套路对于他们而言，更多的不是镣铐而是装备。在类型文之外，他们也广泛吸取多种资源，形成具有高辨识度的个人风格。写作是他们的职业，也是他们处理自己与世界关系的方式。他们因解决自己的核心问题而回应本时代的核心命题，形成稳定的世界观、人生观、价值观，建构出自己的文学世界。他们持续推出有影响力的作品，拥有高质量的"铁粉团"，因价值观和审美风格上的高度认同，粉丝们往往愿意支持他们进行自由探索，甚至一意孤行。他们是真正站在"金字塔"顶端的作家——未必是商业成绩最好的，却是最有经典性指向的。

根据这一标准，这里主要介绍三位最有代表性的"经典性"网络作家：猫腻、冰临神下、Priest。

猫腻，本名贺英，1990年自己改名为晓峰，1977年出生于湖北宜昌。2003年，以"北洋鼠"为笔名在"爬爬书库"发表《映秀十年事》。2005年以笔名猫腻发表成名作《朱雀记》（2005—2007），2007年以《庆余年》（2007—2009）封神，随后，写下"情怀之作"《间客》（2009—2011）、《将夜》（2011—2014），之后，以《择天记》（2014—2017）转型，以《大道朝天》（2017—2020）收官（最后一部大长篇）。2017年5月，人民文学出版社出版《择天记》（全八册），2019年又出版《庆余年》。《择天记》《将夜》《庆余年》被陆续改编为电视剧，产生很大影响。

猫腻是在网文界和主流文学界都受到高度认可的作家。他是从商业化的"起点模式"里真刀真枪杀出来的"大神",擅写"大红文",曾拿下起点中文网最有含金量的三个大奖(月票总冠军、年度作家、年度最佳作品),又被称为"最具情怀的文青作家"。他把网络文学兴起初期对立的两个脉络"小白"和"文青"打通,以"爽文"写"情怀"。让人们看到,"爽文"可以写得如此有情怀,"情怀文"可以写得如此之爽。他像金庸那样打通了雅俗分野,接通了以鲁迅、路遥为代表的精英文学传统,是继金庸之后最有大师气象的网络文学作家。

《间客》是猫腻自己最喜爱的作品,也深受网文读者的喜爱,曾在连载时获得起点中文网首届"金键盘奖"的"2010年度作品"(该奖完全由读者投票,票数最高者为年度作品)。这部作品也在主流文学界获得高度评价,在2018年中国作协主办的"中国网络文学20年20部作品"评选中高居榜首。

《间客》是一部在科幻设定背景下的武侠小说。在地球毁灭多年的遥远未来,太空中依然对峙着联邦和帝国。许乐是一个生活在联邦底层的小人物,一心想做守法良民。但是一连串不合理的事情发生了,他的亲人、哥们儿、女友、战友、一些真诚帮助过他或真正无辜的老百姓失踪、被冤枉、被屠杀……就是为了保护这一个个具体的人,为他们讨回公道,他卷入了一次比一次更复杂的阴谋、一场比一场更宏大的战争。这是一部成长小说,经过一系列的奇遇和磨难,主人公许乐不但人生大放异彩,而且始终保持着道德的纯洁和内心的完整。

许乐堪称整个网文世界中塑造得最成功的形象之一,通过这颗"硬石头",作品不但延续了金庸笔下胡斐、郭靖、萧峰等主人公身上为国为民的侠义传统,而且卓有成效地反驳了牺牲论、代价论,维护了"大局"里"小人物"的权益和尊严。许乐是猫腻理想人格的投射，他的最可贵之处就在于，无论是身为逃犯还是联邦英雄，永远站在最弱势者一边，代表那些最没有议价能力的小人物与大人物们谈判。于是，大人物们在平衡利益的时候就不得不考虑小人物的那一份，活人在分配果实时，就不得不考虑死人的那一份。否则，许乐什么事情都干得出来。很多时候，联邦政府都为了"国家整体利益"认了，七大家族都为了家族利益最大化忍了，偏偏许乐这个"二货"却不认也不忍。整部作品"爽"的动力就是一个"小人物"的不忍，如何坏了大人物的大谋。最大快人心的是，无论对于阴谋还是"阳谋"，许乐的反抗形式经常是非常简单的直接暴力，"小人复仇，从早到晚"。

许乐并不是一个简单粗暴的人，《间客》也不是一部感情用事的作品。继《庆余年》之后，《间客》进一步进行了制度的探讨。如果说《间客》里的联邦正是《庆余年》中"自由主义穿越者"叶轻眉致力于建立的现代民主制度，《间客》在反对联邦的专制残暴的同时，也讨论了民主制度的弊端和悖论。在不能有一个更好的制度从总体上解决问题的时候，许乐反对牺牲局部的利益，尤其反对权力集团以任何冠冕堂皇的理由牺牲草民的利益，这种事只要被他看见了，就一定要管。"虽千万人，我不同意！"（第四卷第三百八十章标题）

在实现正当目的的过程中，许乐的手段也是一直正当的。因为，猫腻不断赋予许乐超人的能力（如"八稻真气"、中央电脑"第一序列"保护对象，以及"联邦英雄""帝国皇太子"的身份），使他能够完成那些不可能的任务。猫腻让心爱的主人公以个人英雄主义申明了普通人的权利：不为虎作伥的权利，不逆来顺受的权利，免于恐惧的权利，愤怒的权利，心安理得的权利……是的，这些都是"私货"。通过在自己建构的"幻象空间"里重新立法，猫腻走通了路遥之后难以继续的"个人奋斗的英雄"之路。

最后，许乐实现了那句为人打气的豪言——"内心纯洁的人前途无量"（这句话出自2005年的《超级女声》，在《间客》中被题写在帝国"大师范府"墙壁上）。

《间客》之后，猫腻继续以"爽文写情怀"。《将夜》（2011—2014）以自由和爱情为主题，以孔子师徒为原型，在"架空世界"里建构了"书院"和以"书院精神"立国的"大唐"——力图在一个功利犬儒的"小时代"，重书"大写的人格"与"大写的国格"；在所谓"历史的终结"和"文明的冲突"的背景下，重建中国人的生命信念和自由信仰。在丛林法则盛行的"时代大潮"前，猫腻逆流而上，独领风骚，展现了深埋于网络自由空间的"草根知识分子"的精神气象。

《将夜》有情怀亦有烟火气。一方面以坚定的草根立场将情怀下沉到"饮食男女"，一反西风东渐以来国人因无信仰而自卑的文化心理；一方面又以启蒙价值为核心对传统儒家思想进行改造。"书院精神"是"人本主义"与"仁爱"思想的结合体，"不自由，毋宁死"与"知其不可为而为之"在夫子师徒身上获得完美统一。

如果说《间客》重在保护人的消极自由、不被侵犯的自由，《将夜》则重在写积极的自由、自我实现的自由。书中佛宗、道门、魔宗、书院四大势力并存，其中佛宗一直在做他们认为应该做的事，道门是在做他们认为正确的事，魔宗则是为了反对而反对，只要道佛两宗想做什么，便反其道而行之，唯有书院，他们只做让自己高兴的事。只做让自己高兴的事，看似简单，实则极难。它需要个人有强大的独立自由意志，既能抗外敌，又能驱内鬼，这对于有着深重精神奴役创伤的中国人来说，尤其不易。

书中有一个情节特别发人深省——"门房的儿子"——彻底反转了"赵氏孤儿"的故事[①]。当年宣威将军惨遭灭门，唯一逃走的是

①见第二卷第277章"这不是书上写的故事"。

一个四岁的小孩宁缺。十几年后，已经成为夫子门徒的宁缺回到长安，找到惨案的主导者之一夏侯复仇。小说中的所有人（包括绝大多数读者）都以为他是将军的儿子。但宁缺说他不是。他是门房的儿子，当时他和将军的儿子都只有四岁，是好伙伴。当老管家愧疚地看向他举起柴刀时，他抢先捅出了一刀。宁缺问大家，为什么你们都以为我是将军的儿子？难道门房的儿子就不该活着吗？为什么你们都以为是王子复仇记，难道门房的仇就不该报吗？是的，书上都是这么写的，戏台上都是这么演的，但从来如此便对吗？在《庆余年》里，范闲（男主，皇帝的私生子）欠了养父范建儿子一条命，那是一个忠臣"为救孤舍弃亲生"的故事。这次，猫腻还了回来。他让宁缺向千百年来人们的思维定式乃至戏剧小说的美学定式发问："王侯将相，宁有种乎？"

从中国类型小说的发展脉络来看，《将夜》的贡献是，让东方玄幻这个脱胎于西幻的网文类型，终于剥离了欧美网游升级系统和日本热血动漫的结构内核，在本土文化中落地生根。中国网络文学的诞生虽然深受武侠小说的滋养，其直接源头却是西幻，最早形成的类型也是西幻。十几年来，如何讲述东方风格的玄幻故事，一直是网文界不断提及且反复实践的命题。直到猫腻的《将夜》将故事背景落实进"大唐"和"书院"，注入现实的"情怀"，"东方玄幻"才称得上真正找到了文化的肉身，找到了自己的"精气神"。此后，烽火戏诸侯《雪中悍刀行》（2012—2016）、无罪《仙魔变》（2012—2013）和《剑王朝》（2014—2017）的跟进，以及猫腻《择天记》（2014—2017）的再推，使"东方玄幻"日益丰满，成为近年来最重要的网文类型之一。

相比于广受好评且为作家本人最喜爱的《间客》，《将夜》在笔法上更加成熟，语言有质地，细节耐回味，人物栩栩如生，近四百万字，几无赘语，显示出在"追更"机制下，超长篇网络类型小说可能达到的精品品质。甚为遗憾的是，小说在四分之三处遭遇瓶颈，"开天辟地"①的宏大格局最终冲破了原初的人物、情节设定——以红尘意破昊天辉确是"神来之笔"②，但以男女之争演天人之战、以凡人之爱完回天之功，终显力不从心——对原初设定的固守使小说未能在最高潮处收尾。

　　尽管由于难度系数过高而影响了完成度，《将夜》仍代表了目前中国网络类型小说的最高成就。猫腻在自觉恪守商业作家"本分"的同时，形成了独特的个人品格。《将夜》借套路之骨架，成自身之丰腴，完成了从"大神之作"到"大师之作"的跃进。

　　如果说猫腻是网络文学培育的"正果"，冰临神下就是来自圈外的"妖孽"。这位中文系出身、很少看网文的作家，33岁（2010年）才入行，无论是"扑街文"还是"封神作"，篇篇都剑走偏锋。冰临神下的文字很挑战读者智力，偏偏受到一群"老白"的追

---

① "开天辟地"是《将夜》章节标题。
② "神来之笔"是《将夜》章节标题。

捧，声名鹊起。他把"纯文学"①基因带进网文，又守足网文的规矩。将种种形成陌生化效果的"妖孽"——如自觉的叙述意识，现代性命题的反思——统统很自然地放进网文的旧套里，令"老白"们耳目一新。在网络文学臻于成熟、正寻求突破之际，冰临神下的闯入恰逢其时，为其发展注入新的动力。

冰临神下本名孔祥吉，1977年生于吉林省通化柳河。2000年毕业于吉林大学汉语言文学系——在至今知名的网文作者中，他应该是唯一毕业于名校中文系的。毕业后，曾在北京任报社编辑多年，终因创作之梦的诱惑，在33岁（2010年）那年辞职，专心写作。开头尝试在起点中文网发表四篇小说，未有反响。2011年10月27日用"冰临神下"的笔名开始连载《落榜神仙》（玄幻），74万字，完本，扑街。2012年7月2日开始连载《死人经》（武侠），100万字后才签约上架，被一群自称为"挑剔老饕"的"老白"读者们发现，

---

① 在中国当代主流文学界，"纯文学"这个概念与1985年前后兴起的"文学变革"运动直接相关。这场"文学变革"主张文学从"政治宣传的工具"的位置上解放出来，"回归文学自身"，强调文学的形式自觉和语言自觉，"重要的是'怎么写'而不是'写什么'"。这场运动前后包括"寻根文学""现代派文学""先锋小说"几个潮流，主要是从西方和拉美借鉴现代派和后现代派文学技巧进行创作。90年代以后，先锋文学退潮，但"纯文学"的概念依然保留下来，但逐渐具有贬义。一些人开始对"纯文学"的负面影响进行反思，认为这样一种纯而又纯的文学丧失了反映社会现实的能力和社会责任感，也是使主流文学失去读者的重要原因。在主流文学界以外的文化领域，包括网络文学界，"纯文学"往往泛指一种与商业文学相对的"纯粹的文学"，包括各种传统主流文学，与"严肃文学""精英文学""传统文学""经典文学"等概念经常混用。本文在对冰临神下的介绍里所使用的"纯文学"概念，也是这种泛称。具体到冰临神下个人，"纯文学"更是指他"中文系"出身受到的学院派文学传统的影响。2018年5月23日，冰临神下曾受北京大学网络文学研究论坛之邀，做"网络文学的文学性——'纯文学'资源与网络化写作"的讲座。在讲座中，冰临神下说自己喜欢读各种"奇奇怪怪"的书，包括中国古典笔记小说、通俗小说，也有"纯文学"。"纯文学"中喜欢马尔克斯和略萨，鲁迅和余华。现代派、后现代、拉美魔幻现实主义，这些被统称为"奇奇怪怪"的东西，在他的谱系里都叫"妖孽"。

视为网络武侠小说的经典。在其后的《拔魔》（2014—2015，修仙）、《孺子帝》（2015—2016，历史）、《大明妖孽》（2017—2018，历史、悬疑、软科幻）、《谋断天下》（2018—2019，历史）、《星谍世家》（2021.2，科幻，星际文明）中，多方尝试各种类型文的写作，并大胆尝试超越常规类型文的写作模式。

在冰临神下的"妖孽之作"中，"封神之作"《孺子帝》是最"亲民"的，但其"纯文学基因"还是埋在了历史文的套路里。小说基本全程采取了第三人称限制视角——不是全知视角，所以你不知道上帝怎么想；也不是第一人称视角，所以你不知道主角怎么想。你的视觉和主角绑定在一起，你和他获得的信息没有区别，只是智商经常会被碾压。什么叫历史的偶然性？不确定性？什么叫一切合目的性的叙述都是胜利者的追述？在这里是用叙事技巧展现的——"形式即内容"——这正是80年代"先锋小说"最爱玩的，也是冰临神下最爱玩的。

《大明妖孽》更直指怪力乱神、江湖社会，在正史之外吸纳野史笔记等资料，将架空历史、悬疑、异能、科幻等各类型元素熔为一炉，炼出一部"不伦不类"之作。这部小说另一卓越贡献是，塑造了"大明妖孽"胡桂扬（意为"狐生鬼养"）这个典型人物。与网文中习见的杀伐果断而超速成神的"妖孽"完全相反，胡桂扬是"反妖孽的妖孽"，身为锦衣卫基层密探，懒散徜徉于江湖、市井与庙堂之间，退守内心本真，抵抗体制威逼和欲望诱惑的双重操控。这样的"妖孽"主角，大大拓宽了网文人物处世立身态度的光谱，而且有力地反拨了"屌丝逆袭"的庸俗价值趋向。

《谋断九州》走得更远一点。《孺子帝》一斧一斫将"皇权"二字诠释至极致；《大明妖孽》则试图在欲望充斥的世界中寻求"我乐意"的个人正义；《谋断九州》更是一意孤行，将"反套路"进行到底。

在卷帙浩繁的历史类型文所形成的叙事传统中，《谋断九州》的出现饶有趣味。刚开篇，主角徐础的"小目标"便是杀皇帝。从此亲手开启一代乱世，印证了相士刘有终对他的评价——"张口乱世之枭雄，闭口治世之能臣"；待到计降四王、雄踞东都、野望天下、万里江山将入囊中之时，徐础却主动放弃吴王之位，遣散士卒，孤身进入思过谷闭关领悟"名实之辩"的"范氏之学"。这一"神转折"，将文内文外的人全都打懵了。

在《谋断九州》的后记里，冰临神下说，他原本要写一部"谋士视角的《孺子帝》"，但事实上，该作的思想构成却远比前作复杂。主人公徐础的塑造是以隋唐霸主李密为主要原型的，另杂以张良、苏秦故事。李密做谋士时劝人舍弃洛阳、专攻长安，未被采纳；做一方霸主时，别人劝他舍弃洛阳、专攻长安，他也不采纳，因此兵败退位。这一史料，构成了《谋断九州》的核心情节。不同的是，徐础没有兵败，而是在众望所归之际，主动放弃了王位，不做君王而做谋士。这个"神转折"发生在第三卷末尾，这一卷名为"破名"，意味着成王的路到此走到尽头，"孺子帝"的故事在此终结，读者的爽感期待全部落了空。

冰临神下的每一部小说都在"造反"，这次他不但造了"爽文"总套路的反，也造了时代价值观的反。前半部，小说虽然费解，但仍是"爽文"的套路——其烧脑处也正是铁粉们的最爽处。然而，冰临神下表面上写的是徐础费尽心思"逆袭"，实际上真正写的是他那颗被一次次挤压的心。圣人不仁，帝王无情，他不断鄙夷自己的"妇人之仁"，说服自己认同世人认同的成功价值。为成大业，什么都可以成为明码标价的代价。但他的心终于受不了了，那颗不忍之心。谋士犯错，身后有君王为他负责，但没有人能为君王负责。徐础明智地发现了自己没有"附众"的才能，无法冷漠对待士卒的牺牲，不愿意为"大局"而牺牲"局部"。因而，他甘为谋士，只求治国平天下之实，而不求帝王之名。求名求实，一体两面，就如上坡路与下坡路是同一条路。但在网文的套路里，一直只有"逆袭"的上坡路，如何写"逆行"的下坡路？而且，这并不是结尾处，"情怀"一下就好，实在不行，还可以留白。此时行文至半，至少还有几十万字要写。成仁的路与成功的路一样，都得实实在在地写，成王败寇，颠沛流离，这样的文如何"爽"得起来？

事实上，冰临神下的野心尚不止于此。徐础退位后，冰临神下甚至不让他顺利找到"真龙天子"，而是借外蛮贺荣部再度打开小说架构，用民族矛盾提供徐础行为的合法性。"嘴公子"徐础凭一"嘴"之力，以天下为秤、诸侯为棋，效法苏秦周游列国，合纵中原豪强，最终大败贺荣部于襄阳城下。此后，冰临神下更拒绝为争霸叙事的亡魂续命，以范蠡、西施的泛舟江湖为徐础落下帷幕。

冰临神下这一自设难度的挑战成功了吗？从小说的实现结果来讲，应该说不太成功。对叙事模式的迷恋与"纯文学"资源的加持，对他既是助力也是掣肘。小说前半段的矛盾冲突集中于东都一隅，极为克制的限制视角很适合这类有限空间内的矛盾构造。你方唱罢我登场，铺张起一场即将上演的逐鹿好戏。但在徐础退位之后，先前营造的种种矛盾难免同时冰消雪融，原本要收束的伏笔散成一地废墟，叙事因之变得琐碎。此时固定不变的视角反而使得"国事"变成了徐础的"家事"，明明是历史小说，却缺乏波澜壮阔的史诗场面。冰临神下仍坚持使用苦行僧般的白描在伏笔的废墟上重新结构张力，却未能抛出犹如《大明妖孽》中"神魔背后是贪婪的人心"一类核心线索。中局部分长达两百章的延宕，徐础的三字箴言"再等等"重复数百次，令读者搔首挠腮不得其解。徐础可以迷茫，但读者不行。冰临神下拒绝转换叙述视角，故事局限于徐础一条主线上，犹如干秃的树干，其余暗线则如荷下流水般只闻其声不见其形。腾挪转换仅有立锥之地，白象似的群山永远模糊，这种结构难以支撑《谋断九州》版图宏大的叙事架构。

尽管如此，冰临神下的气象着实令人钦佩。《孺子帝》的成功使他敢于、或者说"被迫"在之后的创作中致力于打开历史类小说的新途径。将历史、科幻与当代情绪融合的《大明妖孽》已是先例，《谋断九州》则更多地接续传统文学资源。荀子的"名实之辩"与诸子杂糅的"范氏之学"先后成为徐础的思想基础，并且，未停留在空想阶段，而是切实地成为这个"历史中的行动者"立身立命的行为准则，落实进后半部近百万字的行文中，展现了作者"以文证道"的胆略。《谋断九州》完结两年之后，冰临神下才在个人微博上实验了几部小说的开头，最终选定后人类的科幻+谍战的类型，在起点中文网连载《星谍世家》，开启了其新的探险旅程。正是因为有了这样不计代价的"造反"，网络文学才能不断打开新的可能性。

Priest，晋江文学城"顶级大神"，也是获主流文学界认可度最高的女性网文作家。2014年以来常居作者积分总榜榜首，被粉丝称为"P大""皮皮""PP""小甜甜""女神"。自2007年起她开始在晋江连载小说，但较为知名的作品多发表于2012年之后。代表作有《天涯客》（2010）、《镇魂》（2012）、《大哥》（2013）、《山河表里》（2014）、《杀破狼》（2015）、《有匪》（2015）、《默读》（2016）、《残次品》（2017）、《无污染无公害》（2018）、《烈火浇愁》（2020）和《太岁》（2021）等。其中《天涯客》和《镇魂》已被改编为网剧，放映后一度在社交网络成为现象级的热门话题。《默读》《有匪》和《山河表里》等作品也已售出影视版权。

《默读》像是"女性向"小说的一面旗帜，最适合"安利"给圈外读者。这种冲破类型局限的异质性与超越性，很大程度上缘于小说破案剧情的雅正、丰满与流畅：不仅致敬名著，还是名副其实的双类型，刑侦和言情并驾齐驱，并且都达到一流水准。在大都只擅写感情关系和"小世界"的女频网文中，显得独树一帜。

作为一部结构精巧且细节扎实有力的刑侦题材言情小说，《默读》的故事由发生在燕城的五桩连环命案组成。肩负师傅遗愿的刑侦队长骆闻舟和"犯罪专家"费渡联手，从一起看似平常的打工少年抛尸案入手，牵连出横跨数十年、盘根错节的"画册计划"系列悬案。小说游刃有余地在案件与案件之间连缀以复杂精密的结构，又以参差错落的顺序，逐层、反复加以拆解，一步步揭露出深埋于地下的庞大犯罪组织的真面目。

而作者试图借助刑侦这条情节线加以探讨的命题，则是在正义缺失的真空之中，一个人应当如何选择前行的方向，以及重重桎梏之下，选择本身的自由度与可能性的问题。小说据此排列出数十位人物：有的因得不到正义而走向正义的对立面，由受害者转化为施害者；有的因得不到正义而自立为执法者，代替局部失效的法律体系主持正义；有的人兼而有之；还有的人，筚路蓝缕，无畏艰险，不惜以血肉之躯重铸正义。

有趣的是，作为小说的两个主要视点人物，骆闻舟是警察队伍中的精英干将，天然站在正义一方，而费渡则由于某种先天缺陷，道德感与责任感远低于正常水平，始终游走在深渊边缘。双重视角的穿插为读者提供了丰富且极具落差感的阅读体验，也将小说中描写的种种极端犯罪心理分别以两种截然不同的尺度加以衡量，因而呈现出摇曳生姿的多重侧面。

《默读》的感情线，由于恰好围绕着这样两个南辕北辙的人物展开，刑侦情节线和感情线便也得以始终缠绕在一起，甚至拧成了一股绳。但刑侦和言情两个类型之间却并不是融合关系，也非简单的拼贴，而是一种良性的耦合——彼此调用数据，却不改写对方的程序——这很像小说里的"强—强"爱情关系。从阅读体验上来看，情节线的气氛过于阴惨，急需感情线的甜。但Priest的甜，是甘蔗的甜，一丝一缕长在植物纤维里。乍看之下，相比于一般言情小说浓墨重彩地描写感情而对故事情节惜墨如金的通病，《默读》竟有些反其道而行之的意思。如果习惯了被撒糖，难免会觉得有点"柴"。Priest召唤的读者得有一副好牙口，爱"玫瑰"也爱"江山"。

此外，有趣的是，在两位小说主人公建立亲密关系的过程中，竟有意无意地运用到一系列刑侦手段，包括搜证、心理侧写、诱供等。仿佛爱情本身也变成了一桩悬案，有待人耐心破解。正如费渡在小说结尾处的告白："没有了……怪物都清理干净了，我是最后一个，你可不可以把我关在你家？"一边表现出"伏法"的姿态，却又并无悔罪意图，反而维持着自己的怪物之身，作为爱情这起案件的"罪犯"，将全身心交付给对方。

Priest向来擅写宏大世界观设定，过往作品《镇魂》（2012）、《大哥》（2013）、《山河表里》（2014）、《杀破狼》（2015）和《有匪》（2015）等，已横跨玄幻、都市、奇幻、机甲和武侠等多种类型，感受精微，格局大气。《默读》因是现实题材，这个世界就更有现实主义文学意义上的现实感。她要处理的仍是女性的核心问题：被控制的人格、被禁锢的心灵如何能够获得自由和爱？但这个问题也是小说中挣扎着的男女老少的共同问题。并且，那些被侮辱和被损害的人，也终于不再消极地等待着被拯救，而是在拯救他人的过程中获得自我拯救。《默读》一类作品的出现标志着"女性向"小说的重大进步——经过了一个阶段的自我满足和自我疗救之后，终于突破"圈地自萌"，在广阔的地平线上，重新以人的姿态站立起来。

《默读》一文所图甚大。它耦合的不仅是小说类型，也是商业类型小说和传统意义上的"严肃小说"。五个串联起的故事分别以

《红与黑》《洛丽塔》《麦克白》《基督山伯爵》《群魔》的主人公为章节名，五个典型人物的性格就是犯罪人的心理动因——一边以超然的姿态，把名著当作数据库来使用，一边又凭借刑侦小说题材的特殊性，以类似"问题小说"的路径直击现实——如此一石三鸟、四两拨千斤的设置，显示了作家超越类型限制、打通文学资源的能力。

《默读》之后，《残次品》进一步围绕着当代世界人类生存的核心问题展开——后人类时代如何想象"人类"？作者在处理科幻题材中常见的碳基生物与硅基生物之争时，不但致敬了《1984》《美丽新世界》等经典文本，还尝试对某些正在发生的现实做出自己的回应。例如，通过生物电流和化学药剂消除一切痛苦的全息网络"伊甸园"，不正是增强现实装置的高配版本？而由于天生的基因缺陷无法接入"伊甸园"的"空脑症"患者，与现实中的弃民们分享同一种命运：被清理、被驱逐、被认定为无可救药的"残次品"。从这个意义上说，小说构建的"新星历时代"并不在遥不可及的未来，人类的一只脚已踏在了它的门槛上。为了书写一版数码时代的"死于奥威尔，或死于赫胥黎"，《残次品》给林静恒、陆必行代表的"人类"安排了三大敌人。于是，伍尔夫留下的超级人工智能成为新的"老大哥"，力求技术主宰人类、统治千秋万代，而可以控制人类意识并确立起严格等级制度的芯片代替了《美丽新世界》中的试管培植与种姓制度，尝试建立一个以"蚁后"林静姝为中心、完全消了反抗的"新世界"。至于看似田园主义的反乌会，Priest在嘲弄霍普等人神棍式自然崇拜的同时，也以此说明排斥科技、回归原始状态已无可能，人类必须学习如何与自己的造物共处。

遗憾的是，相较于宏大的"乌托邦"设置，后续几股力量之间的搏斗未将"反乌托邦"的过程演绎出太多的新意。尤其为了实现大团圆结局，作者在全文的末尾给人类盟军补全了一场略显仓促的胜利。如果说伍尔夫留下的超级人工智能战胜林静姝的芯片军团，体现出文中的"老大哥"已经可以称得上是人类之外的另一种"生物"，那么，林、陆等人通过炸毁主机的方式，从物质层面抹杀超级人工智能，则又把它限制回人类造物的范畴之内。而战后对陆必行的"全民审判"以及重建起的代议制选举民主，竟像是纷乱之后的万事归零，不具有充足的说服力。乌托邦中无"人类"，但打碎乌托邦之后，小说没有给出去往何处的答案。

此外，《残次品》还涉及"想象'人类'"的另一个层面：科技高度发达的时代，哪些人类才算得上是"人"？这便回到了小说关于"残次品"（科技弃民）的讨论。在这里，Priest通过权贵聚集地沃托与底层第八星系两种社会图景的对比，来表达对"伊甸园里无弃民"的反讽。譬如，林、陆二人第一次明显的冲突，发生在讨论如何处置臭大姐的破基地时，林静恒计划把基地当作诱饵，献祭给域外海盗；而陆必行作为一个出生前已死的"箱中之脑"，靠着杀死3.6亿人、给第八星系带来巨大创伤的彩虹病毒才重获人身，因此他自感生来便亏欠着这一片无望之地，不忍见无知而无辜的人们白白牺牲。然而，乌合之众身处死亡的重霾之下，依然一心混吃等死。陆必行只好驯猴似地引导着基地弃民，开始、退却、放弃、再开始，组建出一个"战五渣"的自卫军队。虽然结果不尽如人意，但昭示着"残次品"们在漫漫自救之路上迈出了第一步。

不出所料地，小说在结尾处完成了一次权贵和弃民的颠倒。走出"伊甸园"的沃托权贵与第一星系公民初临人间，手足无措，第八星系反倒充当了人类最后的堡垒，林、陆带领弃民们拯救了全世界——这自然是一出主角唤醒底层、底层联手击败反派的常见戏码。但《残次品》本可以多写几个林静恒式的孤胆英雄，"一个人干翻一支舰队"，来制造未来星际文里常见的恢宏战斗场面与虐敌的爽感。小说却以陆必行背负的巨额生命之债为契机，在面对一场场滔天洪水时，从种族层面去重新想象一个"人类"的共同体：联盟上将、小流氓学生、政府高官、退休走私犯……方舟之上的诸位人类同胞，一个都不能少。Priest跳出女频情爱叙事的"小世界"，走向更广阔的星辰大海，审视万千星轨之下"无穷的远方，无数的人们"，在极端个人主义泛滥的年代依然坚信他们"与我有关"。

Priest这种贯穿经典资源与类型小说的创作倾向，自《大哥》萌芽，于《默读》大成，在《残次品》（2017）中更是发扬光大。这绝非附庸风雅式的致敬，而是作为网络时代的优秀作家站在前辈大师的肩膀上继续前行。Priest以创作实绩挑战着人们的刻板印象：谁说类型小说不能反映现实？不能探讨严肃的人类命题？

优秀的类型文学作家总能以精纯之力将天地大道植入世道人心，网络作家处理的那些命题，更与当代人息息相关。这些具有"经典性"指向的网络文学作家凭借他们的创作提升了网络文学的品质，也抚慰着沉默的大多数的心灵，给他们温暖和勇气。

理解新媒体时代

北京大学新媒体研究院　李　玮

【内容提要】

近年来，新媒体成为一个"现象级"的热词，几乎人人都在使用和谈论新媒体，甚至连当下的时代，都被赋予了"新媒体时代"这样的定义。但是，究竟什么是新媒体？新媒体到底有什么特征？绝大部分民众并不真正知晓。新媒体是伴随互联网技术而出现的崭新媒介形式。多数民众对新媒体的理解只限于"网络化的媒体"，这是远远不够的。新媒体是信息时代的一种重器，对社会生活的方方面面影响巨大。新媒体又是一个很复杂的系统，不了解它的真正内核，不了解它与传统媒体的本质差异，很难理解这个时代的特征。本讲座以普及新媒体知识为主旨，梳理传播媒介变迁历史，厘清新媒体概念和特征，阐释新媒体素养的本质与重要性，并以"网络语言"这一新文化现象为例，解析新媒体时代文化的特色。

作者介绍

　　李玮，北京大学新媒体研究院副院长、教授、博士生导师。教育部"国家通用语言推广基地（北京大学）"副主任。曾任教育部网络语言研究基地主任。主要研究领域为网络文化、网络语言、跨文化传播等，主持或参与主持国家社科基金重大项目"中国文化软实力对外传播研究""中国文化软实力对外传播深度研究"，教育部重点课题"网络语言蓝皮书""网络语言正负能量词研究""新媒体领域语言文字应用监测""国家通用语言文字的短视频推广"，中央统战理论重点课题"新型政党制度对外传播与话语权建构""网络统战与新媒体治理"等。出版和发表著作与论文近百部（篇）。

一、理解新媒体

（一）媒体与大众媒体

理解新媒体，首先必须理解传播媒介的发展与变迁。媒体（media）一词来源于拉丁语"medius"，意为两者之间传播信息的媒介，也可简称为传媒，即传播媒介。中国传统字源对"媒"的解释，源于婚嫁之媒妁和"天上无云不下雨，地上无媒不成婚"的古训。由此可见，媒体、媒介、媒妁都具备同一核心词义，即两者之间传递信息的介质，或者是"使人与人、人与事物或事物与事物之间产生联系或发生关系的物质"。这个物质最早曾是甲骨、竹简、帛书、驿马、信鸽，以及后来的电报、电话等。总之，一切介乎两者之间传递信息的介质，都是媒介，也都是媒体。

但是，我们今天常说的"媒体"，并非指上述一切信息介质，而是专指一些生产和传播信息的专业媒介机构，如出版社、杂志社、广播电视台等，这些专业机构，又称作大众媒体（大众传媒）。

什么是大众传媒？顾名思义，是进行大众传播的媒介。大众传播来之不易，它是人类技术进步的产物，有着清晰的发展进程与变迁脉络。传播行为由来已久，但是在语言产生之前，人类仅靠手势和声音进行简单的信号传递和交流。人类语言产生之初距今约10万年。语言的产生，引发了人类第一次传播革命，开创了口头语言传播时代。大约公元前3500年时，文字出现并成为传播载体，传播的时空发生了革命性的突破，从口语到文字的跨越被称为第二次传播革命。但手抄文字的不便限制着信息传播范围，传播行为基本上仅限于"一传一（one to one）模式"。唐代出现的雕版印刷术使信息复制成为可能，但此时的传播仍然受限于技术，只能在有限的小范围传递。直至1448年古登堡印刷机出现，印刷技术实现了大量复制的可能，革命性地颠覆了一对一的传播模式，形成"一对多（one to all）传播模式"，即大众传播。

大众媒体是工业社会的产物。18世纪开始，随着工业社会的兴起，现代报业开始发端，出现了商业化的、面向大众的、生产和传播新闻信息的职业媒体——报纸。之所以叫大众媒体，是由信息传播流的模式决定的。现代报刊是一种由少数专业媒介机构生产信息，传播给大众的媒体。人称传播学之父的美国传播学科创始人威尔伯·施拉姆（Wilbur Schramm）所给出的大众传播模式图，就清晰地展现出这种一对多（one to all）的信息传播模式特点。

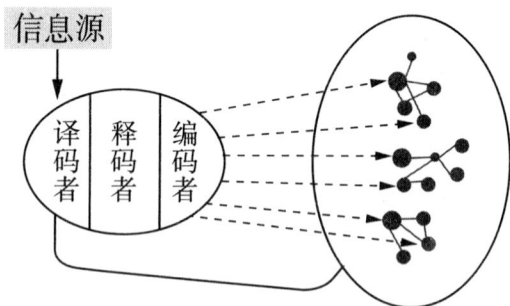

图1　大众传播模式

负责面向大众采、编、发的专业机构被称为大众传播媒介，报刊、通讯社、广播电视、新闻纪录影片等都是大众媒介，在新媒体出现之前，传统大众媒体一直沿用这种信息传播模式，具有工业社会大规模批量生产的特色。最典型的例子是在苏联时期，一份《真理报》发行量高达2000多万份，供全国人民阅读。西方报纸的形态更多样，数量更多，商业化程度也更高一些，但其信息流模式同样是职业传媒人办报，向大众发行。包括后来的电子传媒如电台和电视，都是同理。这便是传统大众媒体传播的概念。传播主体（职业媒体）和传播受众（民众）的角色非常明确，一个管发，一个管受，是一种"我说你听"的模式。

（二）新媒体与"心媒体"

新媒体是互联网技术的产物，所谓"新"，是指一个变化的概念。在人类传播发展史中，伴随着技术的革新，媒介也在不停地变革：从口头到文字，从报纸到广播电视，从广播电视到互联网新媒体。每次伴随新技术手段产生而出现的新传播手段，都可以称为"新媒体"。比如报刊相对于信鸽和驿站，广播电视相对于报刊，网络媒体相对于广播电视。因此，新媒体是个相对的概念，是一个时期里出现的相对过去一个时期有重大差异并实时更新的概念。互联网技术发展日新月异，媒介手段也在飞速更新迭代，曾经的新媒体如门户网站、搜索引擎等，早已失去新意。今天的微博、微信，在不久的未来也会失去新意而步入寻常。

今天我们所说的新媒体，主要指相对于传统电子媒体而言的网络新媒介形式。美国《连线》杂志对新媒体的定义是：新媒体是新的技术支撑体系下出现的媒体形态，如数字杂志、数字报纸、数字广播、手机短信、移动电视、网络、桌面视窗、数字电视、数字电影、触摸媒体等。

新媒体是互联网的产物。中国从20世纪90年代进入互联网时代以来，经历了数次大浪潮，每一次浪潮，都引发了传播革命。90年代初第一次互联网大浪潮，2G技术催生了门户网站。90年代末第二次互联网大浪潮，3G技术下搜索引擎和社交媒体崛起。进入21世纪，4G技术拉开移动互联网的大幕，5G技术推动短视频传播盛行。未来，技术还会推动媒体进一步智能化。综上所述，我们给新媒体的定义是：网络数字技术赋能的、随着技术进步实时更新的、相对于传统媒体而言的新媒介形式。新媒体体现了电子媒体向网络媒体、移动网络媒体的发展，它们之间存在一些本质上的差异，概括起来，主要体现在以下三方面：

1.信息传播模式：从"one to all"到"all to all"

新媒体是信息时代的产物，信息时代就是信息爆炸的时代，信息爆炸得益于互联网技术的赋能，成就了全球全人类信息共享的高速公路。

我国的新媒体萌芽于20世纪90年代。在此之前，以报刊电视为主的大众传媒主导信息领域。一份全国性的报纸发行量可达数百万份，供全国人民阅读。电视广播台和节目数量有限，供全国人民围观。那是典型的一对多（one to all）的传播模式，其最大的特征就是：少数人说，大家听；专业媒体说，大众听。

90年代末期，中国互联网技术快速发展，随着个人电脑出现，产生了最早的网络媒体——门户网站。门户网站是报纸杂志在网上开的网站，把纸质报刊的内容直接搬到网上，网上网下内容完全相同。但是，网络空间太大，报刊内容显得太少，传统报刊版面不够用的问题转变为信息不足问题，为了填补网络空间的空白，门户网站开辟了"新闻评论"区，让网民读者自己进来写，提供一个固定区域让读者对读到的内容随意评论。正是这个小小的评论区，颠覆了传统媒体一贯的"我说你听"或者说一对多（one to all）的传播模式，史无前例地赋予受众以话语权，而且是匿名的话语权，网民读者可以用网名登录上网进行评论。这是传播史上划时代的变革。很快，网络评论区吸引了大批网民蜂拥参与表达，评论的精彩和吸引力超过了文章本身，为报刊招揽了大量的读者。

后来，"论坛社区"开始出现，这是新开辟的公共平台，专供网民发言用。一时间，网络社区、校园BBS等爆红。无拘无束的自由空间，引来海量的网民争相上网表达，这就是自媒体的雏形。网民中不乏专业水平高、有真知灼见的人，他们很快成为社区的意见领袖。专业人士看到了其中的商业机会，随之开发了个人言论平台，如新浪博客。网民可以注册个人账号，在平台上拥有绝对属于自己的小领地，自己制作内容并成为传播主体。博客大V迅速爆出，吸引大量粉丝关注，成为真正的自媒体。后来又出现制作门槛更低、便于转发传播的微博，字数为140个字以内。微博之后，腾讯公司推出了微信，微信属于即时通讯类平台，具备一对一的传播功能，也具备朋友圈内一对多和群体传播功能。它不仅能传递信息，还是一个社交媒体平台。微信的公众号平台，机构和个人都可以开设，更加具备自媒体功能。

　　传统的大众传播时代，传播主体和受众界限分明，在信息的供受关系里，职业媒体是供方，占有绝对的主动地位，广大受众处于被动接受地位。也就是说，过去的信息传播是单向流动，媒体提供什么信息，大众通常就只能接收什么信息；而新媒体时代，网民获得话语权，受众也可以成为传播主体，人人都是麦克风，受众的主动性得到极大的强化，以至于"受众"一词逐渐被"用户"所取代，这就是新媒体的新特征之一。自媒体的出现，打破了传统专业媒体的话语权，形成"大家说大家听"（all to all）的众声喧哗式传播模式。技术赋权于网民大众，传播主体和受众的界限变得模糊，网民既可是信息接收者，也可以是信息制造者和发出者，传统媒体的主体垄断地位被撼动，话语权扁平化。

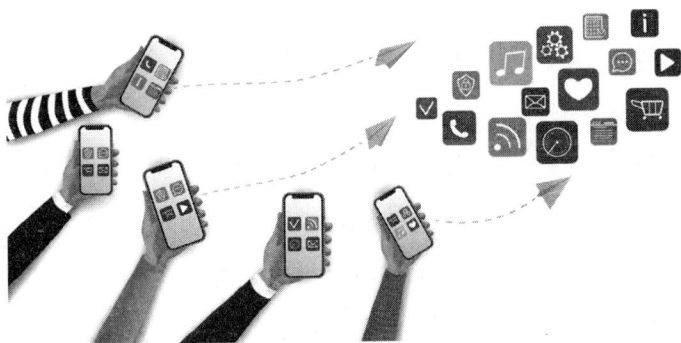

图2　网络新媒体传播模式

2.信息制作模式：从PGC到UGC到PUGC

传统媒体时代是PGC时代。PGC 是Professionally-generated Content的缩写，意即专业生成内容，也称PPC（Professionally-produced Content）。具体而言，传统大众传播时期，职业媒体如报刊、广播电视上的内容，统统是由职业记者、编辑、制作人等专业人士负责采、编、审、发。新媒体的出现，引入大量非职业媒体的网民成为自媒体的制作者。这时，一个新的概念出现，即UGC（User-generated Content）——用户生成内容。确切地说，今天多数新媒体平台，都是用户生产内容。所谓平台，就像一个大市场，里面是众多个体的摊位，出售着个体自制和自定义的商品，比如淘宝平台上的众多电商，比如腾讯公号上的独立机构或个人，比如抖音、快手上数以亿计的UP主，B站也是典型的UP主联合酋长国。事实上，有用户参与内容的生产，有大众参与一起"众乐乐"，这也是新媒体不同于传统媒体的重要标志之一。

在当今中国蓬勃发展的新媒体领域中，用户早已不满足于只做信息的获取者和互动者，他们要参与生产和传播信息。但是，大众形形色色，能力水平参差不齐，生产出来的信息产品难免泥沙俱下，于是一批市场化的大平台又着力发展PGC内容，以提升媒体质量，以高品质的内容抢占市场。于是，今天中国市场上的头部新媒体平台（见表1），无论是资讯类、娱乐类、社交类、电商类，许多都形成一种PUGC模式，即一种既有职业生产内容（PGC），又有用户生产内容（UGC）的杂合媒体形态，是UGC和PGC结合的内容生产模式。最典型的如喜马拉雅FM，还有今日头条的"头条号"，任何一个人都可以申请"开号"的UGC平台。近年来一些官媒的新媒体移动客户端，也正在考虑引入UGC模式。总之，是否具备用户生产内容，也是判断媒体属于传统媒体还是新媒体的要素之一。

表 1：中国头部新媒体平台

视频类	社交类	资讯类	电商类	问答类
短视频平台： 抖音　快手 秒拍　美拍等 **直播平台：** 斗鱼　花椒 虎牙　映客等 **音频平台：** 喜马拉雅 FM 蜻蜓 FM 企鹅 FM **综合类：** B 站	**即时通讯类：** 微信　微客 **维基类：** 百度百科 360 百科 **公众号：** 微信公众号 QQ 公众号	今日头条 一点资讯 腾讯新闻 网易新闻 澎湃新闻 百家号 大鱼号 企鹅号	淘宝 天猫 京东 美团 拼多多 唯品会 小红书	知乎 悟空问答 百度问答 360 问答 快搜问答

3.信息获取模式：从 "人找信息" 到 "信息找人"

传统大众传播时代，包括早期的网络媒体，都是"人找信息"模式。传统职业媒体是占尽主动权的传播主体，受众的选择权非常有限，受众的信息需求只能从有限的媒体里获取。随着网络媒体的出现，网络信息量增加，信息的可选择性越来越大，受众的主动性也随之增强。这时出现了"搜索引擎"技术，搜狐、百度等大的新媒体门户，颠覆了传统媒体的绝对主动权，将获取信息的选择权赋予受众，人们只需在窗口输入关键词，搜索引擎便带领你找到需要的信息。这些传播方式，基本上都是人找信息，只不过从搜索引擎开始，向用户定制的"人找信息"模式转换。

搜索引擎至今仍然在使用，但是已经不常用。因为技术再次改变世界，更加智能化的媒体技术出现，这就是算法。算法是基于大数据人工智能的数据搜集系统。信息平台通过搜集用户数据，可以计算和分析出用户的喜好和关注点，投其所好，精准推送用户可能感兴趣的信息。信息开始找人，我们熟知的今日头条、抖音、淘宝、网易云音乐等一众产品的火爆更是离不开推荐算法技术的加持。"今日头条"就是典型的算法信息平台，其广告语"我关注的就是头条，我喜欢的就是爆款"充分显示了它的个性化推送特点，"今日头条"千人千面，数据人工智能可以读懂你的心，每个网民看到的"今日头条"页面是不一样的，算法推荐给你的头条，是属于你的个性化页面。在技术的加持下，媒体具备"读心"的功能，成为"心媒体"，现在大部分的新媒体都在算法的基础上某种程度实现了"读心"的推送。

总之，新媒体与传统媒体的另一个重要区别，在于信息获取方式，从门户网站时代、搜索引擎时代，到社交媒体时代，再到算法推送时代，实现了从"人找信息"再到"信息找人"的跨越。用算法读懂用户，以投其所好正中下怀，通过精准推送来留住用户，是新媒体的另一个特点。

针对信息获取，有学者用驾驶汽车来做了一个形象的比喻，把信息分发过程中的媒体变化分成四个类型（见表2）。传统媒体是展示型，相当于给你一张地图让你自己看路；搜索引擎则是选择型，扮演了电子导航的角色，会根据你的选择带领你找到目标；随着算法的出现，媒体进入推送型，升级版导航仪会读懂你的意愿，自动驾驶将你送到目的地。而不久的未来，媒体不仅能读出你的意愿，更像一个黑客，读取人们内心深处不愿展露的意愿，发掘人们自己都不知道的深层意愿，通过信息投喂与满足，捕获人们的心。这在经济学上叫作"意愿经济"，在传播学上也可以叫作"心媒体"。

表2：信息分发过程中的媒体变化

媒体类型	展示型	选择型	推送型	捕获型
媒体名称	报纸杂志、门户网站	搜索引擎	今日头条等新媒体	意愿媒体
信息分发模式	人找内容	人找内容	内容找人	内容找心
驾驶模式	地图型	导航型	自动驾驶型	黑客型

综上所述，新媒体是信息量大、传播快、互动性强、人人都有话语权的媒体，是智能化高，借助算法进行精准推送，能"读心"的媒体。如今，所有媒体都已经网络化，仅用线上线下、移动非移动来理解新媒体是过于肤浅的，必须认识到新媒体与互联网技术的深度关联，了解技术赋能下新媒体的信息传播模式、信息制作模式和信息获取模式，才能真正理解什么是新媒体。

（三）新媒体文化与新媒体素养

新媒体时代，就是受到互联网新媒体影响的时代。

综合上述新媒体特点来理解，新媒体时代就是众声传播、众生合唱的时代，是人工智能读取意愿的时代，是个性化定制、精准传播的"心媒体"。参照传统媒体，找准新媒体的种种特征，更容易让人理解新媒体的影响力，把握新媒体时代的脉搏（见表3）。

表3：新旧媒体几种特征比较

时代	时代特点	生产方式	传播模式	信息获取方式	宣传方式
传统媒体时代	工业社会	大规模生产，不讲适配性	一对多	单向提供式	大规模轰炸式
新媒体时代	信息社会，网络社会	个性化定制生产，适配度高	多对多	从人找内容到内容找人	读心式，精准推送

回顾历史，人类文化的变迁，与人类传播的变迁基本同步，或

者可以说，正是传播的变迁，引发人类文化的转变。交流的范围和方式，决定了生活方式和思维方式的形成：口头传播距离的局限，构成了部落文化；文字传播时代的识文断字者开创了精英文化；印刷传播和电子传播赋权底层大众，催生了大众文化；而新媒体传播，则造就了今天的网络文化。

新媒体传播是草根大众人主、人人都是麦克风的传播，造就了包括主流文化、大众文化、精英文化、草根文化的多元文化共存，特别是草根文化的崛起。新媒体技术大大降低了媒体内容制作和传播的门槛，草根大众摆脱了被动接受信息的绝对受众地位，获得主动参与的快感，在新媒体平台上获得较为平等的资源分享，并拥有了一定的话语权。此外，新媒体领域的监管力度较弱，把关人缺失，具有内容随性、传播自由、娱乐至死的传播特点，也造就了新媒体文化的特征（见表4）。

表 4：新媒体主要文化特征

新媒体文化的技术特征	虚拟化	交互性	共享性	不易监管
新媒体文化的主体特征	个性化	贫民化	集群化	大众化
新媒体文化的精神特征	多元	平等	自由	随意与娱乐

互联网新媒体带来的文化益处是巨大的，第一表现在物质生活资料生产能力的快速提高、社会物质层面的飞跃式发展和提升。第二是普惠，传播便捷，直达社会底层；信息全覆盖，有助于全民普及文化教育，特别是使最底层的百姓受益。第三是新媒体时代话语权扁平化，赋权大众以相对自由的表达权和媒体主人翁意识，是一个最自由的传播时代。

但是，互联网也带给社会文化另一面的影响。所有的技术，其实都是双刃剑。针对文化，互联网新媒体技术起到的作用也是双面的。众所周知，网络社会的特征是开放性和多元性，是全民参与的，也是低门槛、平民化、草根性的文化。网络社会充斥着商业化、娱乐化，是一个全民狂欢的文化场域。比如今天中国的头部网络文化企业和它们的产品：阿里的电商、腾讯的网游、抖音的带货、爱奇艺的网综。再看看市场上多如牛毛的各种网络应用、短视频APP，它们是给民众带来了切实的利益和便利，但大多数是感官的刺激、利益的输送、物欲的激发。我们再来看看"2018年度中国十大网络新文化现象"：沙雕文化、吃瓜文化、锦鲤文化、怼文化、土味文化、撩文化、Pick文化、国潮文化、Bot文化、直男文化。这些网络亚文化被全民热捧，有些网民干脆直接宣称："参与这些文化，你就是参与了这个时代。"言下之意是，这些文化就是时代文化。

网络新媒体的文化是物质的、物欲的。网红、电商、"剁手"节、直播带货等成为大众追捧的社会时尚。宅文化、丧文化、佛系文化、粉丝文化、碎片文化、躺平文化反映出国民生活方式和社会心理的一个重要侧面。特别是年轻的网生一代，他们在这种文化里生长，是这种文化的直接代言人。在这些文化词汇里，缺少精神的代言者和严肃高尚的民族价值观，这是需要警惕和重视的一个问题。为此我们曾提出"文化网络化"与"网络文化化"的观点。即在互联网的冲击下，中华文化在一段时间内被网络化了，互联网的特征是推动文化走向多元，同时也走向商业化和草根化。从精神文化层面看，这是一个文化"变low"的过程。今天我们需要努力促进"网络文化化"，即充分利用互联网技术的赋能，在大力发展物质文化的同时，促进中华网络文化的精神品质提升，使网络变得有文化。

另外，网络新媒体技术还带来另一个值得警惕的影响，即技术的控制性。新媒体带来信息爆炸、大众的主动权和选择权，同时也带来负面效应。比如推荐算法，在给企业带来了巨大的经济效益，提高了用户满意度，增加了用户黏性的同时，也造成信息茧房。定向推荐带来视野窄化、信息低俗化、人的边缘化。如果任由算法推荐技术无序发展，最自由的时代会成为最不自由的时代，大众会被算法包围和裹挟，再度失去真正的独立与选择权。

新媒体素养其实就是充分理解信息时代信息传播的重要性，吃透新媒体时代信息传播的特征和利弊，学会趋利避害。遗憾的是，大多数民众不太懂得新媒体的真实特点，经常被动地被新媒体裹挟，这就造成一些社会问题。比如：（1）谣言与虚假信息泛滥问题。由于多数民众不明白，自己手机里的大量新闻报道、视频APP上的内容，根本不是经过专业机构认证的信息，而是由张三李四，或任何一个网民制作出来的内容，特别对中老年人（包括受教育程度很高的人士）来说，他们已经习惯性地认同媒体的政府性和权威性。而事实上，新媒体制作的门槛很低，任何人都可以制作视频或文字消息，再通过网络平台进行传播。比如抖音、快手、头条上，大多都是用户参与制作的内容。而有些民众对这些内容缺乏理解和辨识，信以为真，继而转发扩散，造成谣言、诈骗、阴谋论等虚假信息泛滥，对社会的和谐稳定产生不良影响。（2）国民素质下降问题。大数据技术能根据民众在网上的搜索、点赞、购物等痕迹，计算出用户的愿望和心理，并不断推送它认为你感兴趣的信息。比如，你最近留意过明星的轶事，很快你的手机就被各种明星八卦霸屏。如果你流露出对某些观点的兴趣，你永远只能接收到与你观点一致的信息。如果你表现出对某种价值观的推崇，你的手机就会被推送与你"志同道合"的文章。久而久之，你被这些信息淹没和裹挟，虽然网上信息爆炸，而你却被紧紧地包裹在狭小的信息茧房里，雷同的信息像茧丝一样把你紧紧包裹，给你洗脑，让你在"正合我意""正中下怀"的"信息喂养"中越陷越深。如此下去，一定会引发国民素质的下降，造成民众知识面狭窄，缺乏主动性和创造性，从而导致民众认知极端化，甚至失去判断力。上述问题还只是对新媒体认知不足造成的诸多不良后果的两个方面。2021年中国移动互联网用户已超13亿，数据显示，成年人平均每天看手机的时间高达196分钟，由此可见，新媒体对大众的影响有多么巨大。

十八大以来，习近平总书记多次提到对网络空间和网络生态的治理问题，我国政府也一直下大力气治理网络虚假信息，因为这些虚假信息往往混淆视听，激化社会矛盾，引发社会恐慌，甚至摧毁社会信任体系，损害政府形象。但过去的治理主要集中在信息传播方，即对新媒体平台和内容的治理。而我们认为，互联网治理必须两头发力，对信息接收方的治理也同样重要。要提高网民的认知和辨别能力，双管齐下，才能推动网络空间全方位清朗化。因此，针对如何提高大众的网络素养，我们提出如下建议：（1）推动全社会的新媒体素养教育。在当前纷繁的国际形势下，要进行网络空间的生态治理，必须使国民的认知提升速度跟上技术的发展速度。要帮助民众提高对新媒体的认知度，在泥沙俱下、良莠不齐的网络信息中辨别真伪、分清是非。要引导民众跳出新媒体的信息茧房，增强主动选择信息的能力，兼听明理。"十四五"规划中多次强调文化强国建设，国民素养就是文化强国的基本条件之一，而当代国民素养一定包含新媒体素养。因此，提升国民对新媒体的认知刻不容缓。（2）推动中小学增加网络和新媒体教育。网生一代，虽然对网络十分熟悉，但是也习惯了"被网络"。所有的技术都是双刃剑，网络在带来便利和快捷的同时，也使人懒惰、沉迷、习惯"被喂养"。必须培养青少年的网络和新媒体素养，让他们认清网络利弊，学会趋利避害，培养网络自控能力。要帮助他们学会突破网络信息的裹挟，摒弃"等待喂养"的习惯，提升自主性、独立性和创造力。（3）有关部门和平台要加强对自媒体的培育和把关，在维护自媒体多元化和多样性的同时，提升自媒体内容的质量和真实度。

（4）有关部门应该加强"以技术管技术"，提倡甚至立法治理媒体的算法推荐技术，避免大量民众被算法技术裹挟，掉进单一信息的死胡同。

二、理解网络文化：网络语言的视角

互联网新媒体对社会的影响是全方位的，人类的文化活动、文化交流和传播方式，包括人们的价值观念和思维方式都在发生深刻变革。语言作为人类交流与信息传播的基本工具，更是受影响最直接、最深刻的元素。语言是传播信息的重要载体，也是重要的文化现象，理解语言在互联网新媒体影响下发生的变化，有助于深度理解网络文化的内涵、增强对新媒体时代的具体理解。

（一）网络语言的概念与定义

网络语言是语言在网络领域的应用，新媒体是它的主要居所。

网络新媒体的语境非常独特，语言为适应网络特质做出了调整和适应性变化，并因此形成了独特的规律性特征。从语言的角度看，网络语言就是受互联网影响的语言变异形式；从文化的角度看，网络语言现象代表着社会的变迁，蕴含着深厚的文化意义，是网络文化的承载者和表现符号；从传播层面看，网络语言是产生于网络群体或圈层的、用户自己制造的词语，是经网络新媒体传播和扩散，具有独特外延和内涵的新符号。网络语言是构成虚拟世界的要素，是所有传播活动的基本载体。

通常，对网络语言可做三种角度的理解：1.窄义理解，指随着网络和电子技术的发展而产生的，过去不曾有过的新术语、专业词汇和特别用语，比如"主页""域名""电子商务""网红""5G""大数据""区块链"等；2.中性理解，除上述新术语外，还包括人们在互联网媒介上进行交际时所使用的"不同寻常"

的语言新形式，包括通过语音、词汇、语法变异而形成的词句和文本，以及新型副语言形式，比如构建符号、表情包等；3.宽义理解，泛指一切产生于互联网技术条件的、具有网络特色的音、义、词、句、文本、图片和音视频。

总体来说，网络语言就是在互联网上急速产生、爆发式扩散，并迅速被广大网民知晓、接受、使用并复制传播的新词新义、新符号、新结构、新风格。网络语言产生于网络，应用于网络，在特定的网络媒介传播中表达着特殊的意义。

（二）网络语言的特点

网络新媒体传播的特殊性，构成网络语言产生和传播的独特性。在制造者、使用者、使用目的、使用特点、传播渠道和传播方式都发生变化之后，网络语言具备了以下明显的传播特点（见表5）。显然，网络语言受互联网新媒体影响，它的特点与互联网新媒体的整体特点具有极大的重合性。

表 5：网络语言的传播特点

网络语言制造者	广大网民
网络语言使用者	层次各异的广大网民，以草根和青年人居多
网络语言使用目的	快速信息交流，传递情绪、娱乐
使用渠道	互联网、新媒体
使用方式	键盘上的口语、音视频里的表述
使用特点	个性化、变异性、流行性
使用形态	多模态并存，语音、文字、图片、音视频等

1. 网络语言具有省略性、便利性

由于网络语言通过网络传播，多数靠计算机键盘和手机敲打出来，带有"键盘语言""手聊"的特色，因而受制于输入法、打

字速度等条件，于是"求省求简"成为使用网络语言的基本原则，以满足非面对面交际的同步性。网络语言产生的根本原则，就是经济性原则，只求容易上口，哪怕将错就错也在所不惜。因此网络语言最大的特点就是简化，具体表现为大量使用缩略词语、字母缩写词、拼音简化字词、数字谐音字词，以及多使用短句（比如非主谓句、省略句、简单句）和短文，复杂的句式在网络上绝少见到。

2. 网络语言具有时尚性、流行性

语言是社会的镜子，社会生活中的新事物新现象，总需要新词来表达。网络是最时尚前沿的领域，网络上新事儿很多，这就注定了网络语言必定是时尚的、新潮的，这也是网络语言的典型特征之一。网民必须抓住并理解网络传播的新潮流，否则难以顺利进行语言交流，并会产生落伍感。网络语言不仅代表新人新事，而且其结构形态也体现出规律性的时尚新颖、奇形怪状、夺人眼球。但时尚也意味着会过时，所以网络语言又是暂时的、短命的，具有更新快的特点。许多网络词汇大家还记忆犹新，如山寨、大哥大、偷菜等，但都早已失去活力，逐渐淡出日常应用。

3. 网络语言具有随意性、粗俗性

网络是一种大众参与的媒介平台，在这里，交际是直接的，但交际形式却是非直面的，网络媒介为交际提供了屏障，使交际者可以躲在各种终端后面不露面，具有藏匿性和匿名性。因此，交流可以抛开禁忌、随心所欲。反正没人知道我是谁，便可以敞开了瞎说、瞎写，颠覆规范，甚至故意出错或任性粗俗。网络语言的创造者主要是网民大众，这增加了网络语言通俗化和粗鄙化的概率。网络所体现的个性化、开放性、兼容性、多元化的价值取向和特点，也直接体现在网络语言中。此外，网络是一个大众放松之地，在这里可以调侃、发泄、恶搞，很多时候，网络语言传递的不是信息，而是情绪，因此网络语言里也充斥着许多带有迁怒、怨怼气息的署

语，以及随意和不规范的应用。

4. 网络语言具有娱乐性、诙谐性

网络是一个娱乐空间。消遣与轻松，是人们上网的最大目的之一。因此，网络语言也带有明显的娱乐性质。在网络中盛行着文字游戏化、语言娱乐化、表达狂欢化。插科打诨、诙谐调侃、幽默搞笑使网络语言富有表现力，但也夹带着媚俗与低级趣味。用巴赫金①的狂欢理论来阐释网络语言特性是贴切的，狂欢建立在非常态世界的效果之上，狂欢的主要特征是宣泄性、颠覆性、大众性和平等性。网络语言也充满了这些特点，换言之，网络语言因其网络特点，具备以下普遍特征：作者贫民化、读者大众化、内容通俗化、目的娱乐化、形式口语化、结构经济化、传播迅猛化、影响巨大化。网络语言是网络时代的副产品，只要网络存在，网络语言就会存在，并随着网络技术的发展而不断变迁。

网络语言充满活力，但个体生命力却不长久，大部分网络词语经不起时间的考验，在一段时间的井喷式产生、大面积传播扩散后，就会被更新的网络词语所取代，多数网络语言都不能被约定俗成而进入标准语词典。但是值得注意的是，尽管生命长度有限，网络语言的使用广度却是惊人的，短期内形成的社会影响不容小觑。目前，网络语言已经成为人们生活中必不可少的一部分，但是许多网络语言并不符合现代汉语的语法和语用规定，对传统语言形成挑战和冲击。因此，有必要对网络语言的产生与应用进行管理、规范和引导，应该对网络语言的主要使用群体，尤其是青少年群体进行有关的普及教育，帮助他们具备识别网络语言、正确运用网络语言的能力。

---

① （苏）巴赫金 （1895—1975），苏联最重要的思想家和文论家之一，在其代表作《陀思妥耶夫斯基诗学问题》和《拉伯雷的创作和中世纪与文艺复兴时期的民间文化》中谈到了狂欢化问题。

（三）网络语言是一种变异

互联网对语言应用产生了巨大影响，语言在网络空间里发生变异，形成独特的形态特征，以至于某些网络语言变得面目全非，令人难懂。网络语言的变异，表现在其结构和形态上。具体说来，体现在语言结构、形态、词汇、语言规范、语体、文字等一系列形态的变异上。

1. 网络语言结构上的变异

语言是由语音、词汇、语法构成的符号系统，是人类思维和交际的工具。《现代汉语词典》（第7版）对"语言"的定义是："人类所特有的用来表达意思、交流思想的工具，是一种特殊的社会现象，由语音、词汇和语法构成一定的系统。"《辞海》对"语言"的定义是："语言是以语音为物质外壳，以词汇为建筑材料，以语法为结构规律而构成的体系。"

由此可见，传统定义的语言，是语音、词汇、语法三位一体的合成品。除此之外，还有一些非文字的手段也被列入语言的构造范围内，比如身体姿态、手势、面部表情等，它们又被称作副语言。但是，传统上，这些辅助手段所表达的思想内容非常有限。比如体态语，一般只限于肯定、否定和简单的数量，以及表达日常生活中的一些简单意思。不同民族对体态语和身势语的使用有很大区别。但是，没有哪一个民族会不用有声语言，而只用手势、体态来进行交际，所以这些表达手段不过是语言的辅助工具而已。

网络新媒体的出现，改变了传统的信息传播渠道，造就了不同以往的交流平台，网络的无限性与同步性，创造出"不需面对面的及时互动"语境，在这个语境下，语音可以远距离发送，文字也能同步交换，而且，文字符号的统治地位逐渐被网络空间特有的新符号所部分取代，比如谐音符号、表情图片、动态表情、视频、图像等非文字符号。在新媒体平台上，我们本来需要很长一段文字符号来描述和表达的思想，现在一个小小的表情符号就可以传达。于是，由语音、词汇、语法组成的文字符号反而显得繁杂而不便，人们越来越习惯使用这些可以实时传递的动态或静态表情符号，它们形象生动、寓意深远、简单明了、自然随意，而且具有现成性，不需要组织语言，只需点击、发送。事实上，我们已经离不开这些符号表情，很难想象没有视频和图片的网络新闻，或者没有表情符号的微信聊天与对话。所以，我们说网络语言与传统语言之别，首先是结构上的，网络语言不仅包括语音、语法和文字，而且还是表情包、音视频等多种符号组成的复合体。

值得重视的是，在这个组合体中，非文字符号的使用频率在不断上升。如今，年轻人的网上交际语言中，几乎看不到纯文字的对话和语篇了，甚至出现了完全缺失文字的"斗图"①现象。显然，网络语言的构造比传统语言复杂，纯语音和文字结构正在被多种符号结构所取代，"读字时代"正在被"读图时代"和"视频时代"所冲击，形成了多元、多模态的杂合结构。

2. 网络语言形态上的变异

除了结构的杂合化，网络语言在形态上也产生变异。如今的新媒体领域，充满形态各异的"词语"，源自象形文字的汉语词汇被多模态符号所替代，晦涩难懂。最具代表性的网络语言新形态，包括数字缩写谐音词、英文和拼音缩写谐音词和表情包等。

（1）数字缩写谐音词

根据数字的发音谐音而成的新词，是网络语言新形态的代表。便捷性是网络空间永恒不变的追求，因为数字的书写比汉字简洁很多，于是化繁为简，用数字谐音取代汉字，很早就在网络上风

---

①斗图，指网上用来斗嘴的图片，是表情包泛用的表现。斗图开始于QQ，群聊时大家互相发送搞趣图片以娱乐。后来发展到百度贴吧等各种社区论坛上，时常有人发帖组织斗图活动。

行。比如最早出现的数字"88"，谐音取代了"拜拜""再见"，
"886"代替"拜拜喽"，"438"代替詈词"死三八"。简洁性使
得网络数字谐音现象层出不穷、长盛不衰。从全民性数字谐音词，
如9494（就是就是）、5201314（我爱你一生一世）、7456（气死我
了）、1573（一往情深），到今天的圈层数字化词语，比如网络游
戏里产出的数字词汇：6666（溜走，很牛）、2333（笑死了）、271
（爱奇艺）、1551（噫呜呜噫，哭），996、007（指工作模式，常
见于互联网行业中。996指从早上九点到晚上九点，一周工作六天；
007指从零点到零点，一周工作七天）。总之，数字谐音的生命力在
网络语言的世界里旺盛展开，仅就我们所做的新媒体语言大数据调
研报告发现，一些数字词汇，如666、520等，在2021年甚至达到亿
级的传播量。

（2）字母缩写谐音词

在网络新媒体语境里，字母缩写谐音或者首字母谐音产生的新
词比比皆是。字母谐音又分为汉语拼音首字母谐音和外语字母谐音
两种。

在利用汉语拼音字母谐音产生的新词里，有很多双音节的字
母谐音词，如GG（哥哥）、DD（弟弟）、JJ（姐姐）、MM（妹
妹）、hh（呵呵）、sl（色狼）、sg（帅哥）；三音节的字母谐音
词，如pmp（拍马屁）、pyq（朋友圈）、hhh（哈哈哈）、www
（呜呜呜）、bhs（不开心）、drl（打扰啦）、xxj（小学鸡）；四
音节的汉语拼音缩略形式过去较少见，如plmm（漂亮妹妹），但
近年来成为网络热门构词法，如yyds（永远的神）、xswl（笑死我
了）、ssfd（瑟瑟发抖）、nsdd（你说的对）、emmm（我不知道该
说啥）、srkl（生日快乐），等等。

字母谐音难懂，具有良好的隐蔽性，容易成为某个圈层文化
的暗语或代表性语言。这些字母谐音还常常成为网络詈词的重要藏

身地，如TMD（他妈的）、mdzz（妈的智障）、BT（变态）、BD（笨蛋）、BC（白痴）、qnmd（去你妈的）、fw（废物）、ex（恶心）、gnps（关你屁事），等等。

外语谐音也很常见。随着中国融入世界，全球化的浪潮对语言也产生了影响。在互联网平台上，流行借助外语字母或外语单词的读音谐音而成的新词新语，它们不仅夹杂在中文里，而且有些被直接音译为中文，被大众使用。最早的例子如：谷歌（google）、粉丝（fans）、酷（cool）、脱口秀（talk show）等。除了这些英文直译汉语词，网络上还流行有外语谐音词，如：狗带（go die）、因吹思听（interesting）、一颗赛艇（exciting）、桃浦（top）等。外语谐音词在饭圈、游戏圈内的应用，近年来呈上升趋势。此外，谐音的方法也丰富多彩，比如借外语与汉语混合谐音而成的新词新语，如：T出去（踢出去）、Taxi（太可惜）、三h学生（三好学生）、F2F（face to face）、Word哥（我的哥）、无fuck说（无法说）。还有直接从英文单词谐音而来的字母简化词：nbcs（nobody cares）、bbl（ball ball，求求你了）、btw（by the way），等等。

（3）表情符号类（表情包）

表情包被网友称为中国的"第五大发明"，可见它的影响力之巨大。表情包是最具时代特色的网络语言新符号，开创了人与人之间互动交往的新纪元。表情符号从最初的键构符号到图片符号，再到动态表情符号，揭示了读图时代、视频时代的到来。表情符号一开始是取代身势语，作为副语言形式出现，但后来应用越来越广，很快便超出了副语言的辅助功能，甚至经常超越文字，成为使用频率极高的表达手段。虽然网络表情不是中国人的发明，但表情包文化却成为中国的一种流行文化，成为中国年轻人的新语言。

表情包丰富了传统语言的词汇系统，既满足了网络语言的经济性原则，又生动形象、一目了然，富有视觉效果。从目前常见的形式上看，表情符号主要可以分成以下几种类型。

a）键构符号

键构符号是计算机技术还未能产生足够生动的图片以取代词汇时的辅助表情符号，又称第一代表情包。利用现有的符号形态，构建出象形的表情符号。键构符号是第一代表情包，它们已经被后来更加生动的图片和动态图所取代。

表情	含义	表情	含义
:-D	开心	:-(	不悦
:-P	吐舌头	:-*	亲吻
;)	眨眼	:-x	闭嘴
<※	花束	:-O	惊讶
$_$	见钱眼开	@_@	困惑
>_<	抓狂	T_T	哭泣
==b	冒冷汗	>3<	亲亲
≧◇≦	感动	=_=#	生气
(x_x)	晕倒	|(-_-)|	没听到
(^_^)	不满	(=^_^=)	喵喵
(￣︶￣)	流口水	(T_T)	哭泣
╲(￣▽￣)╱	两手一摊	┌(´ ‿ `)┐	路过
(`+~_+`)~@	受不了	╰(^_^)╮	为你加油
┐￣ヨ￣┌	飞物	b(￣▽￣)d	竖起大拇指
┌(エ)┐	大狗熊	^(oo)^	猪头

图3 常见键构符号

b）静态和动态表情包

如今，互联网上各种类型的表情符号铺天盖地，标志着视觉文化时代的到来。

表情包是虚拟语言，是"图像句子"。表情包的出现，标志着网络社交时代人际交流方式的改变：由文字沟通向表情符号沟通的转变，由文字到图像、由知觉到感官的跨越。表情符号形象生动，寓意深远，具有极强的表现力，成为不可缺少的交流工具。正如传媒研究学者多丽丝·格雷伯所说："曾经我们一度推崇的借助文字符号传递的抽象意义，已经开始让位于建立在图像传播基础上的现实与感受。"

图4 常见动静态表情包

　　表情包走红的原因很多，主要原因有以下几种：一是现成性。在传统文字交流中，人们需要努力思考、组织语言来完成表达，而网络上流行的海量表情包成品，只需要你轻轻点击键盘发送，即可收到同样效果甚至是超出预期的效果。二是表情包完全符合网络时代极简主义的趋势，即点击即发送，省时省力，一切尽在不言中。三是表情包具有模糊性特征，真实直白的语言被模糊多义的表情包所掩盖，使用者只是转发的第三者，在利用它们传达情绪的同时，又可以不用为其所表达的意思负责，甚至可以及时撤回它们，一言既出，瞬间能追，符合网络人匿名和逃避责任的心态。因此，当1982年第一个表情符号由美国学者推出后，从此表情包便一发不可收拾，受到广大网民的追捧。

　　人际传播的大量信息其实是通过非语言符号传递的。表情包这种网络非语言符号，其实是人类身体语言的延续，取代了表情、姿势、语调、肢体等副语言方式，成为身体和场景的虚拟同步表达。但是，表情包又不仅限于成为副语言方式的替代，它的意义和功能得到了夸大和延展，并且衍生出多重文化内涵。

近年来，出现了各种表情包的制作软件，人们可以用自己的照片图片制作个性化的表情包，表情包的优势不言而喻。相较于刻板的文字而言，它简洁明快、生动形象，能更好地活跃聊天气氛，表达情绪，而且作为一种非语言交流工具，表情包为人们交换信息和传达情感带来便利，使人际交流更加便捷和省力。但是，表情包也带来一些负面的影响。其一，多数表情包带有戏谑、自嘲和搞笑色彩，且构图夸张，较为浅薄。表情包是宣泄情感的一种工具，具有泛狂欢化的倾向，是追求喧嚣的自嗨，缺乏深刻性和庄重性。其二，表情包文化具有的假面性，使表情包面具的真实情绪被屏蔽，使交流缺乏真实的社交体验。其三，表情包沟通代替文字沟通变得越来越常见，表情包纵容着网民的懒惰。其四，网络新符号的丰富，虽然简化了网民的表达，但也对传统词汇系统形成冲击，因为这些符号往往僭越了传统的构词规则，而且人们对这些符号的依赖性越来越强。新符号使用率直线上升，甚至超越了语言辅助手段的功能。

3. 网络语言的词语特征

网络语言虽然产生了数字词、字母词和表情包等新模态符号，但汉字词语仍然占据主流。网络上的汉字新词语，也有崭新的形态特点。从结构上看，网络新词语的形态多样，从单音节词到词组、短语均有涉及。

（1）单音节网络词

单音节网络词是网络语言的一大特色。《新华网络词典》里收集了大量单音节网络词，例如：二、靠、怼、赞、表、贬、潮、倒、电、顶、寒、亲、挺、闪、宅、晕、秀、粉、汗、群、秒、偶、刷、衰、水、踢、贴、转、雷、囧、萌、戳、哒、撕、刀、切、颜、醉、扁、挂、黑、酷、鸟、拍、喷、破、切、群、肉、晒、搜、拽、怂、宅、丧、燃、飒。

单音节网络词可以独立成句，这是网络语言应用的独特之处。如："顶！""赞！""汗！""飒！"大量单音节网络词与其原来在标准语中的词义和词类都不再一致，使用时需注意它的词类变化。例如：数词"二"与"傻"同义；"秒"指看不起；"鸟"指理睬，如"不鸟你"；"刷"指翻看微信、手机；"戳"指点击；"潮"指时尚；"顶"指支持；"闪"指离开；"宅"指待在家里；"秀"指展示；"黑"指欺骗、欺负；"粉"指着迷；"汗"指惊异；"倒"指无语、惊诧。

（2）双音节网络词

双音节网络词是网络语言的主体部分，海量的双音节网络词也表达了网络新现象和新概念。如：码农、刷榜、饭圈、刷屏、网红、5G等。

更多的时候，它们以新视角表达旧事物，表现出互联网领域的新表达特征：新手叫"菜鸟"，底层群众叫"草根"，伤心流泪叫"泪奔"，生气叫"发飙"，发泄叫"吐槽"，追姑娘叫"撩妹"，漂亮叫"养眼"，装可爱讨人喜欢叫"卖萌"，无辜受牵连叫"躺枪"，旁观者叫"吃瓜群众"，伤心叫"扎心"，丢人叫"打脸"，爱抬杠的人叫"杠精"，恶作剧叫"恶搞"，聊天不顺叫"尬聊"，容貌叫"颜值"，运气好叫"锦鲤"，诚意推荐叫"安利"，有钱没品位的人叫"土豪"，娇小可爱的女孩叫"萝莉"，放弃奋斗叫"躺平"，业内竞争叫"内卷"，被感动叫"破防"，后辈叫"后浪"。这种二字为一组的网络词汇，以动宾、偏正结构为多。

（3）三字网络词

网络上的三字词，多数是表示新时代新概念的词汇，比如：小目标、正能量、女汉子、老司机、软妹子、葛优躺、暴花户、小奶狗、海螺人、快消品、彩虹屁、亲情价、打酱油、蹭热度、凡尔赛。

借助热词缀构词，也是三字网络词的特殊形态，例如：

神：神同步、神补刀、神吐槽、神回复；

微：微论坛、微慈善、微语言、微视频；

族：蜗居族、打工族、闪婚族、啃老族；

男：钻石男、凤凰男、肌肉男；

党：剁手党、标题党、学生党；

控：大叔控、颜值控、制服控。

三字网络词的另一种典型形态，是复杂结构的缩写，通常是三个形容词的首词缩写，比如：高富帅、傻白甜、土肥圆、白富美。

此外，成语性缩写结构也是三字网络词的构造方式，这种形式的三字网络词，具有很强的圈层性，容易造成歧义和误解。比如：城会玩——"城里人真会玩"；万火留——"万一火了呢，先留名"；数体教——"你的数学是体育老师教的吧"。还有如"何弃疗""冷无缺""待发腰""爷青回""蛋白质"等三字词，分别是"为何放弃治疗""冷漠，无理想，信仰缺失""待我长发齐腰""爷的青春回来了""笨蛋+白痴+神经质"的缩写表达形式。

（4）四字网络词

四字缩写结构是网络上出现的另类成语性新词，其构成模式是通过简化和缩写，形成固定的四字成语性结构，如果不明白其中的套路和梗，很难从字面上读懂它们。例如，"人艰不拆"：人生如此艰难，不要拆穿。"不明觉厉"：虽不明所以然，但感觉很厉害的样子。"十动然拒"：十分感动，但是还是拒绝了。"细思恐极"：仔细想想，觉得恐怖至极。"秃穷毕见"：年轻人有两样东西无法隐瞒，即脱发和贫穷。"十动然鱼"：指很多女生收到礼物十分感动，但转身就挂到"闲鱼"上。"基操勿6"：基本操作勿要扣666，意思为让大家不要大惊小怪。

图5　常见四字网络词

（5）网络短语和句子

网络短语通常是按句模构成，近年来流行的句模是"……式……"，由此产生了大批结构式短语。如：丧偶式带娃、间歇式迷信、排遣式进食、自杀式单身、编剧式观影、自救式消费、教科书式撒娇、回光返照式友情、军事化式追星、高情商式失明等。

网络词组的固定形态，表现了网络时代发散性、非线性思维的特点，"式"字的两端，往往是反向逻辑的两极，形成矛盾性冲突和意想不到的反转，体现出网民逆向思维的心理。比如高情商式失明，失明与情商并没有逻辑关系，但这里表达的却是"高情商人的视而不见"；自救式消费，消费与自救也本无关联，但这里表达的是"不花钱慰藉一下自己就活不下去"之意。

网络词组展示出现代人的生存状态，蕴含着网络时代的中国社会心态，反映出网民的智慧和价值观。

网络短语和句子近年来也呈井喷式增长，由句缀（句模）构成的网络语句不在少数，例如，很……很……：很雷很霹雳，很黄很暴力；且……且……：且行且珍惜；厉害了，我的……：厉害了，我的哥！厉害了，我的女排！

网络用语都是互文性很强的语句，没有前序内容的帮助，很难理解其真实的含义。或者说，网络语句都有一个"热梗"，"梗"是解锁网络语句的密码。例如"世界那么大，我想去看看"，出处是一份印有"河南省实验中学信笺"抬头的辞职申请，被发到网上，上面只有10个字，网友称其为"史上最具情怀的辞职申请"。"我去买个橘子"，该句子出自朱自清的短篇散文《背影》，该文中朱自清的爸爸对朱自清说："我买几个橘子去。你就在此地，不要走动。"本来很温情的这句话在中国社交媒体上走红后，"买橘子"成为一个梗，被网友引申用来暗指"我是你爸爸"的意思，意在占别人的便宜。"老司机带带我"，原为云南山歌《老司机带带我》的歌词，指论坛里接触时间长、熟悉规则、有一定资源的老手。现在各行各业的老手都被称为"老司机"。

4. 网络语言语体的变异

语体是根据不同交际语境形成的功能变体，传统意义上，语体只有口头语体和书面语体两类。

传统意义上，语境分为面对面与背对背。面对面的交流借助于语音，背对背的交流就得借助于文字。所以，语言通常分为口语体与书面语体两大类。口语是面对面的互动交流模式，书面语则是不能或者不需要面对面交流时的一种语言应用模式。照这个分类，传统纸质媒体上的语言多为书面语体，广播电视的语言则是口语体，以及书面语口头传递的复合语体。

　　网络是集音像、图片、视频、文字、符号为一体的综合平台。在这里，口语和书面语形式交互使用，你中有我，我中有你。最具特色的是新媒体上互动的对话，比如微信聊天、QQ聊天、跟帖和评论语言。聊天对话本是纯粹的口语体，是面对面的即时互动式语音交流。互联网提供的时空一体使得对话双方不需要面对面用语音进行交流，而是可以借助语音发送，或者远程同步传递文字和图片的方式，达到面对面聊天时的即时互动效果，这就使得书面同步聊天成为可能。

　　传统意义上的口语交流还可以借助许多言外的手段，如语音、音调、面部表情、身体语言等，而文字交流不具备这些条件，所以传统意义上的即时聊天不可能是书面的。但是，互联网技术解决了这个问题，互联网提供的时空一体使得对话双方不需要面对面用语音进行，而可以借助语音发送，或者用远程同步传递文字或图片的方式，达到面对面聊天的即时互动效果，这就使得书面同步聊天成为可能。

　　事实上，新媒体上的对话和聊天，是口语通过书面文字的呈现，即所谓"手聊"，是在电脑上或者手机上用书写形式呈现口头聊天，或者说是"键盘上的会话"。文字同步互动的问题解决了，又保留了面对面交流的即时性，可是传统口头交流的辅助手段如语音、语调、表情、身势等如何解决？于是，网络上出现大量特殊的虚拟辅助手段，取代了传统口头交流的辅助手段。比如静态和动态的表情符号，取代面部表情和身体语言；大量感叹音词，取代语音。网络表情符号里蕴藏的意义和修辞内涵，甚至超过真人面对面的表达，也超越了语音和词汇所表达的深度和广度。非面对面的手聊，还可以避免面对面谈话时的不严谨、词不达意，或一些不好说出口或不好拒绝的尴尬，因此，越来越受到人们的追捧，以至于人们在可以使用语音聊天和语音传送时，仍然选择笔头书面形式来交谈。

　　此外，还有另一种相反现象，即一些制作时本是书面语的语言文字，主持人却以朗读和解说的方式呈现给受众。比如网络直播新闻稿、各种网络脱口秀，即口头表达书面语体。上述两种形式的语言很难用传统的方式归于书面语体或口头语体。因此，近年来出现了口语体和书面语体之外的"第三种语体"的说法，即网络语体，也就是书面化的口语体、口语化的书面语体。

　　总之，互联网上，新媒体中，语体的界限正在被打破，书面语体和口语体的界限逐渐模糊化。各种公众号、APP里，文字语篇的口语化趋势越来越明显。网络语体正朝着杂合化方向发展。

　　5. 网络语言文字的变异

　　网络里的语言文字发生变异，形成汉语文字的新符号，被称为"火星文"。火星文的出现，是网络语言的一大特点。脑洞大开的网民们，创造出象形、幽默的奇葩词汇形式；或者为了偷懒、卖萌，用图形、符号代替文字，形成类似象形的火星文。如：

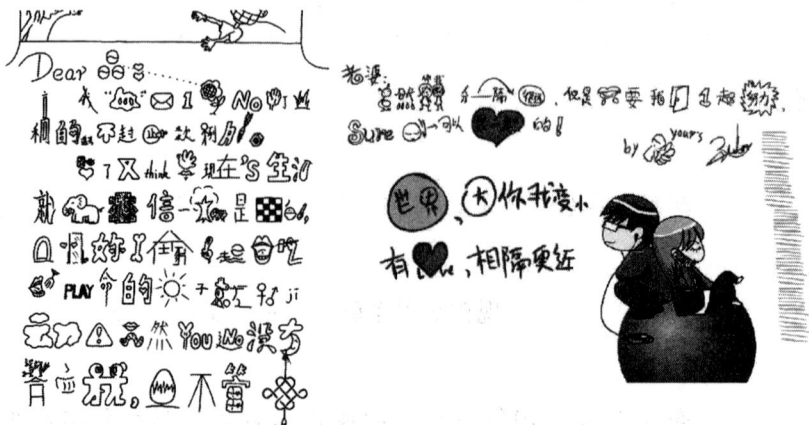

图6　汉语文字的新符号

　　此外，生僻字的使用，也是网络文字特异形态的一大表现。为达到标新立异、形象生动的效果，网民们挖空心思，推广使用许多生僻字，比如"囧""槑""靐""夭""炎""砳""甜""圐圙"等。甚至曾经有一首歌曲《生僻字》爆红网络。这首歌只是简单地罗列生僻字，既无含义，也不押韵，唯一的意义大概就是普及这些生僻字的读法。

这种文字曾经在网络上风行一时，但由于过于怪诞，而且键盘输入也不方便，近来逐渐淡出大众视野，但有个别字，如"囧""槑""靐"等仍在一些特殊圈层内出现。网络空间的可视化是这些潮词产生的技术基础，令人看到汉字回归象形的趋势。

6. 网络语言规范变异

网络语言变异，也体现在语法规范的变异上。网络上不遵循传统语法规则的现象比比皆是，而且成为惯例，形成特殊的网络语法形态。没有规矩不成方圆，汉语的工整和严谨，更大程度上取决于语法的严谨和规范。但是，规范严谨的汉语语法，在网络语言表达中经常被颠覆和改变，体现在词法、句法、标点符号和篇章结构等各个方面。

（1）名词应用的变异

网络上，名词常常作动词、副词使用，比如"刀"原为名词，现作动词，为"砍价"之意。如：

毕业急清仓，一律25包邮！可小刀！（豆瓣小组）

"鸟"，原为名词，现在常用作动词，为"理睬"之意。如：

今年夏天"懒得鸟你"特展就在新光三越台北站前店13F，将再次掀起疯狂热潮！（微博）

"雷"，原为名词，现为动词，为"震撼、震惊"之义。如：

看起来很牛的话都很雷人，这些雷人语录通常很受年轻人的喜爱。（留学网）

网络中还时常会出现动宾结构中动词缺省的现象，造成名词动用。如：

我微你不能转账，不能发红包，提示我账户有风险，怎么办？（博客园）

你电我，我电你，咱们互电！（爱奇艺）

网络中，介词短语中的宾语名词，常常作动词用。如：

百度一下，你就知道！（百度广告语）

想看宫斗剧，你爱奇艺啊。（微信聊天记录）

今天你快手了吗？（微信聊天记录）

网络上还有一种名词变异现象，即名词重叠后作动词用。这些用法往往模仿童稚之气，带有诙谐卖萌之色彩。如：

哪里有免费片片看？（360问答）

此外，网络上也常出现汉语名词与英文词缀合体的现象。例如名词后面出现英文复数后缀：粑粑麻麻s（爸爸妈妈们）、兄弟姐妹s（兄弟姐妹们）、小伙伴s（小伙伴们）。

（2）动词应用的变异

在网络上，动词形态常常出现特殊变化：

①汉语动词增加英文词后缀，是网络时尚的表达法。例如网络上时兴"汉字+英语时态"的用法，即"网络动词+英语现在分词ing形式"，表示正在做什么。比如：

上班ing（上班中）；伤心ing（伤心中）

②"动词+英语过去时ed"，也是网络上常见的现象，表示做过什么。例如：

昨天上课ed

③"动词+er"变身名词。例如：

吹牛er（吹牛的人）；开车er（开车的人）

④网络上还常出现动词被指示词"各种"修饰的现象。

汉语里的指示词"各种"，通常限定名词，比如"各种人、各种事"。但是在网络里，它可以修饰动词，形成"各种+动词"模式。例如：

在朋友圈里各种"晒"到底合不合适？（搜狐新闻）

马上双十一来了，剁手党们可以各种淘啊。（微信聊天记录）

⑤网络上常有动词副词化的变异。动词副词化，也是网络语言在语法上的新用法，比如：弱爆了、美哭了、萌翻了。在这里，"爆、哭、翻"等动词起到程度副词的作用。

⑥动词无限重叠使用（无限夸张、强调作用）。汉语惯常的动词叠加式有以下几种，比如：AA——看看、A一A——看一看、ABAB——休息休息。网络上却出现了无限夸张的动词特殊叠加形式。这种夸张用法，在弹幕和跟帖中比较常见。例如：AAAAAAAA……　ABABAB……

人家从没想过要离开你，你讨厌讨厌讨厌讨厌讨厌讨厌讨厌。（弹幕）

完了，爆头，凉凉凉凉凉凉了（弹幕）

（3）形容词应用的变异

①形容词用作动词

网络上形容词动词化的例子很多。例如，形容词"黑"在网络上成为动词。"黑"最初特指网站或者计算机被黑客攻击了。比如"我们的网站被黑了"。后逐渐被网民运用开来，表示"暗中坑害，欺骗"。

被黑了不要紧张，特别是不要和客服产生任何的冲突。（360问答）

②形容词副词化

在传统语言中，形容词通常作定语，比如：好孩子，美丽乡村；或者作谓语，比如：学校很大，生活很艰难。在网络上形容词常被副词化，用作状语，修饰动词。例如：

狂：狂差、狂晕（非常差、非常晕）

严重：严重同意、严重鄙视（非常同意、非常鄙视）

③形容词重叠法

汉语的形容词重叠模式通常为：AABB、ABAB，比如：漂漂亮亮、雪白雪白、漆黑漆黑。但是在网络上，形成了全新AA、ABB、ABC的重叠模式。如：

> 好漂漂！好个华丽丽的转身！
> 白富美、傻白甜、高富帅、矮矬穷。（微博）

（4）副词应用的变异

汉语里，副词一般只能修饰形容词、动词，不能修饰名词，而在网络里有使用程度副词修饰名词的结构。这时，被修饰名词的语义基础和功能也随之改变，其特征意义超过了指称意义。如：

> 很甄嬛、很中国、非常"六加一"、好man、特草根

网络上，"暴、巨、奇、至"等词成为程度副词，有"特别、非常"之意，与过去不可能搭配的形容词结合，形成充满网络特色的新词组。如：

> 暴好、巨慢、巨好吃、奇快、至顶、至贱

有时还能多重复叠使用，以加强程度。如：

> 巨巨好吃！暴暴暴爽

（5）拟声词应用的变异

近年来网络上出现一系列新的拟声词。如：

呵呵、吼吼、吧唧、啵、么么哒、嘿嘿、Mua

并且，网络拟声词可以作动词用。如：

啵！
么么哒！

网络拟声词还具有高参与度，经常可以独立成句，甚至成为2019年的流行语。如：

哈哈哈！

（6）感叹词应用的变异

汉语里常用的感叹词有：啊！哎！唉！哎呀！哎哟！呵！嗬！哟！但是在网络里，常用感叹词却变为：

呃！哇塞！哇～！矮油！矮油喂！嗯嗯！yoyo！wo！

感叹词无限叠用，是网络上表现惊叹或感叹的新方法，表现出网络语言的创新性。如：

呃呃呃呃呃呃呃，这个女孩不怎么好看（B站）

在网络上，也常常遇见感叹词表示实词概念的情况。如：

千万不要相信他，他是个骗子。

嗯嗯！（微信聊天记录）

（7）结构助词"地、的、得"应用的变异

网络上混用、滥用"地、的、得"的现象比比皆是，大家似乎对于这三个结构助词的用法区别完全不在意。不管哪种输入法，在键盘上输入后，"的"字总是第一个出现，于是"的"常常代替"地、得"。例如：

作者有些推理写的（得）太棒了。

而且，为了彰显网络搞笑、卖萌的特点，"的"被谐音"滴"替代，成为网上常见的用法：

偶滴个娘！
你滴我滴？
晒晒我滴小萌宠！
偶滴歌神啊！（爱奇艺综艺）

（8）语气词应用的变异

现代汉语常用的语气词有"吗、呢、吧、啊、啦、呗、喽"等，而在网络上，这些语气词被新奇百怪的新语气词语取代："撒、哈、鸟、热、惹、滴、哒、乖乖哒、萌萌哒、贱贱哒、丑丑哒、笨笨哒、胖胖哒"成了新时代新新人类的语气表达。再如：

走撒！
回聊哈！我走了哈！

秋风来鸟！树叶黄鸟！

英雄鬼谷子，可爱萌萌哒的外表，有没有征服妹酱的心？

（9）句法上的变异

网络语言的最大的句法特点，就是句子短小，结构简单，主要表现在省略句、倒装句、简单句的大量使用，比如网络聊天中常见的语句：

我下了。（省略宾语，意为：我下线了）

新人报到，留个爪先。（倒装句）

亲，货品收到有木有？（倒装句）

（10）网络语言的标点符号变异

现代汉语中常用标点符号有：句号、叹号、逗号、顿号、分号、冒号、引号、括号、破折号、省略号、着重号、连接号、间隔号、书名号、专名号、分隔号。《标点符号用法》（中华人民共和国国家标准 GB/T 15834—2011）对上述标点符号的应用有明确、详细的规定。但是，互联网打破了这些规定，网络标点符号的应用充满新奇怪异，主要表现为：

1）零标点符号现象

网络手聊需要快速地输入文字，这时，费时地寻找合适的标点符号则成为会话畅通的阻碍。此外，聊天虽然表现为文字形式，但仍然保留了口头对话的隔空场景，实际上削弱了标点符号存在的意义。于是，人们开始少用标点符号，改用空格和换行解决。

直接省去所有的标点符号，这种现象在网络上已经非常普遍，且已经约定俗成。如今零标点符号现象大量出现在聊天中：

想吃什么 带你去上次那家火锅店怎么样（新浪网，00后聊
天记录）

我可以假装什么都不知道 但是你也不能说我不喜欢你
（新浪网，00后聊天记录）

新媒体写作里，零位标点现象也比比皆是。比如微信公号里，
通篇不见一个标点符号的现象随处可见，新闻标题里不见标点符号
也成惯例。

2）标点符号的连用和套用

这是为加强句子的感叹色彩而采取的手法。现代汉语中，通常
只有句末感叹号和问号可以叠用，且一般不超过三个。但是在网络
上，网民们随手点击标点符号，爱打几个打几个，想重叠什么符号
就重叠什么符号，随心所欲。还有中英文符号系统，即全角、半角
符号严重混用，比如：

汗，，，，，，。。。。。。（微信聊天记录）
她说她不爱我了。。。。。。。。！！！！！！！！！
（360问答）

浅色衣服上的茶渍怎么去掉啊！！！！？？？？（360问
答）

可能当中还有其他原因的！！！！！！！！你要永远
相信她～～～～～因为爱一个人时很容易～～～～～但
当你要忘掉她时却是很难的！！！！！！！！！！！我相信
一个人的爱不会这么容易就毁于一旦的～～～～～～所以你
要继续用你的真诚去打动她的心～～～～～～你要从你们的
爱中找到你自己的不足～～～～～～再让她慢慢地接受你的
爱！！！！！！！！ 祝你成功！！！！！！：）（新浪聊

天室）

从上述例句来看，网络应用中，问号、叹号、逗号、句号都可以叠用，而且不受位置和数量的限制。标点符号的叠用，从语用功能来看，都发挥着省略号的作用，表现出一言难尽的含义，或者达到表达夸张语气和强烈情感的作用。

3）网络省略号的使用特征

网络文化是简省化、碎片化的文化，省略号恰好能满足这两个特点，因此成为网络上使用最多的标点符号。省略号表示语段中某些内容的省略，表示意义的断续或不言而喻。汉语省略号的基本形式为位于中线的六个小圆点"……"；如果要省略整段文章，则可以增加到12个小圆点，排成一行。但是在网络中，省略号的应用可谓千奇百怪，主要表现在三方面：

①六点变三点：（简省原则）

这燕洵…掏钱买的吧…呀 这不是那个谁吗

愚公…哈哈哈哈哈哈哈好来个饭盒…

（楚乔传，弹幕）

②实心变空心：（方便原则）

有人吗。。。。。。。（360弹幕）

我是赵姑娘的脑残颜粉。。。。。。。（360弹幕）

③省略号无限叠用：（简单原则）

。。。。。。。。。。。。。。。。！（360弹幕）

事实上，"。。。。。。"已经成为省略号"……"的网络版，因为无论哪种输入法，句号"。"都是在键盘上最容易找到的标点符号。省略号的滥用和错用，是语言经济原则与网络迅捷性相结合的体现。

④ 浪纹线 "～" 的滥用

按照传统标准，"～"可以作连接号，表示某些相关联成分之间的连接。但是在网络里，由于"～"符号键就在键盘的左上角，输入很便捷，于是被滥用。如：

a.表示省略意义

最怕听到铃铛声了～～～～～～～简直是噩梦！（弹幕聊天）

b.表示感叹意义

其实我最想找老王要我的六一礼物～～～～～～（弹幕聊天）

c.表示连接意义

吃饭～睡觉～打怪物～哈哈哈你怕吗（弹幕聊天）

d. 表示随便什么意义

可能当中还有其他原因的！！！！！！！你要永远相信她～～～～～～因为爱一个人时很容易～～～～～～但当你要忘掉她时却是很难的！！！！！！！！！！！我相信一个人的爱不会这么容易就毁于一旦的～～～～～～所以你要继续用你的真诚去打动她的心～～～～～～你要从你们的爱中找到你自己的不足～～～～～～再让她慢慢地接受你的爱！！！！！！！！！祝你成功！！！！！！！：）（新浪聊天室）

⑤破折号的使用特征

破折号的作用是表示话题或语气的转变，或声音的延续等。中文破折号"长度占两个字的位置，位于中线"。但在网络语言中，网民对破折号的使用相当随意，存在功能和形式上的滥用。比如将"一字线"用作破折号。或者用两个短横"－－"或三个短横"－－－"代替破折号。如：

你去哪－－？

别管－－－！

短横"－"位于键盘右上方，一目了然，使用便捷，连续敲打三次，一个类似破折号的符号就跃然纸上："－－－"。网络中标点符号的使用，主要受语言经济性原则驱使，怎么快捷方便就怎么来，而网民对标点符号的使用是否正确并不在意。

（四）网络语言与网络文化

从语言学角度看，网络语言是一种符号，是互联网上瞬间产生，爆发式蔓延，迅速被广大网民知晓、接受、复制使用的新词、新义、新模态、新结构。从文化与传播的视角看，网络语言是一种新媒介，传递出网络社会从形式到内容的革命，以及更加深层的社会文化问题。网络语言作为网络文化的载体，表现出社会文化的被网络化。网络流行语总体上呈现出随性、自嘲、呆萌、无规矩、张扬个性、草根化甚至粗俗的网络特征，透过它们，可以窥见时代文化的某些特点。

1. 网络"丧文化"

"丧文化"是青年亚文化的一种新形式，指带有颓废、绝望、悲观等情绪和色彩的语言、文字或图画，反映出当前青年的某些精神特质和集体焦虑，在一种程度上是新时期青年社会心态和社会心理的表征之一。"葛优躺"系列表情包，正是这种青年亚文化的代表性表达。

图7 "丧文化"表情包

2. 网络"宅文化"

每天能不出门就不出门，没有人打扰，也不用看人脸色，打开电脑，一切都有了！宅文化精神内核是趋于封闭的心理状态和不拘泥于形式的文化。

图8 "宅文化"表情包

3. 网络"佛系文化"

"佛系"是一个网络流行语，也是一种文化现象。"佛系"的主要意思是指无欲无求、不悲不喜、云淡风轻地追求内心平静的生活态度。该词语最早来源于2014年日本的某杂志，该杂志介绍了某"佛系男子"，之后被网络传播，此后又衍生出一系列网络词语。"佛系"成为一个热度极高的网络词。

4. 网络"二次元"文化

"二次元"指二维作画形式所表现的动画、漫画及游戏、轻小说等，其内容大多脱离三维现实世界，天马行空，充满玄想。与动画片、卡通片不同，"二次元"作品的题材和剧情并不低幼，其深刻程度与现实题材的电影、电视剧不相上下，甚至成年人也爱看。深受此类作品影响而又有相似个性特点、价值观的人群，被称作"二次元"群体。"二次元"的社交文化是基于虚拟人设的社交娱乐，大家接受了一种虚拟人设，用户内心的真实喜好得以释放，并得到"同类人"的回应。不少网络词语如"出圈""呆萌""腐女""宅男""打call"等都是出自"二次元"群体。如今"二次元"文化不再是年轻人的"小众式自嗨"，它也被其他年龄段的人群所接纳，形成隐秘而庞大的"二次元"群体，影响着主流文化。

图9 网络"二次元"文化

5. 网络"粉丝文化"

有这样一群人，他们爱偶像胜过爱亲人、爱自己，他们为了心中喜爱的明星而疯狂，花费金钱、精力甚至搭上性命也在所不惜，这些人统称"粉丝"（英文fans的音译）。"粉丝"群体被称作"饭圈"，这也是网络亚文化的摇篮，以及网络语言产生的主要来源地。

6. 网络"躺平文化"

"躺平文化"代表着一种随遇而安、无欲无求、空无一物的生活态度，同时也是"丧文化""佛系文化"的一种延伸，是年轻人低欲望的集中体现。"躺平"是2021年热度最高的网络词语，它反映出年轻人面对过大的社会压力时内心产生的无奈与宣泄，网络词语"躺平"的破圈，实际伴随着"躺平"的生活态度在年轻人中的传播，值得警惕和深思。

（五）网络语言的管理与规范

网络语言是网民自创，最初多为网络圈层语言，但破圈能力极强，能迅速传播扩散。一方面，网络语言生动形象、表现力强，极大地丰富了汉语语言词汇。一部分网络词语已经被社会认可，从而进入通用语，比如目前风靡全民的词语"躺平""内卷""后浪""逆行者""打工人"等。但是，不可否认的是，另一方面，大量携带网络特征如怪诞、低俗、负能量的网络语言，也对语言规范产生了不小的冲击，影响汉语的纯洁、严谨、规范和优美。数字词、字母词等新模态词语的泛滥使用，使得汉语变得晦涩难懂，增加了代沟，影响了文化的传承。网络语言使用不当，会导致文化糟粕，引发语言暴力。语言是人类行为的一部分，语言还具有政治属性、文化属性，网络语言传播和应用的失范，会导致信息攻击、信息污染、网络暴力，甚至产生政治煽动。

网络语言使用不当，还会影响正常的语言表达能力。2020年，《中国青年报》社会调查中心联合问卷网对2002名受访者进行的一项调查显示，76.5%的受访者感觉自己的语言越来越贫乏了。受访者认为年轻人语言贫乏的表现是：基本不会说诗句（61.9%）和不会用复杂的修辞手法（57.6%）。

大家是否有时会感觉自己词不达意，只能"懒惰"地使用网络用语来进行同质化表达呢？庞大的表情包库为我们匹配好各种表达，我们甚至可以不用输入一个字，表情包就会替我们发声，我们的语言能力会不会因此变得贫乏？遣词造句的能力会不会降低？文字组织能力会不会减弱？网络语言在丰富我们语言的同时，也在简化着我们的语言。当大量网民自制的新词语迅速流行，全社会不假思索地使用，会不会催生语言和思想的惰性，由此产生社会文化的"躺平"？

针对网络语言大爆发的趋势，是必须规范和管理的，但这并非易事，需要多管齐下、多方发力，从源头、传播等方面入手，加强法规约束、道德约束、主体教育、规范引导。2020年以来，党中央国务院高度重视文化强国建设，针对网络语言和网络文化的利与弊、精华与糟粕，进行了一系列纠偏、扬弃与引导，这在2020年和2021年的网络十大流行语中初见成效，网络语言呈现出的网络文化正逐渐清朗化。

三、结语

本讲座主要从传播学的视角观察问题，涉及两个关键词：新媒体、网络语言。从时代的宏观视角看，新媒体和网络语言都是网络时代的新现象，也都是新媒介。通过对这两个现象的分析，我们深刻认识到网络技术的发展给社会带来的巨大改变。科技的贡献是伟大的，在互联网新媒体时代，物质生产能力快速提高，社会生活水平飞跃式发展，传播极度便捷，信息全覆盖，话语权普及全民，文化创新活力无限。但是，任何技术和改变都是双刃剑，网络技术的洪流滚滚，在带来便利的同时，也带来一些语言和文化上的困境和难题，泥沙俱下。我们必须提升对新技术、新媒介的认知，理解新媒介、新文化的特性，在此基础上，才能有效克服新技术革命带来的负面影响和不良后果，取其精华，扬长避短，牢牢把握时代脉搏，成为新时代的主人。

后 记

　　2020年秋，我受北京石油化工学院聘请，担任人文特聘教授，负责学校原有的清源书院的工作，负责规划学校的人文通识教育课程，助力提升这所工科学校学生的人文素养。为此，我策划了一个提升学生人文素养的系列名家讲座，拟出讲座专家和讲座的内容后，得到了校领导的充分肯定和支持，校党委刘颖书记和时任校长的蒋毅坚教授亲自审阅了我初步拟定的系列讲座设计，并决定在秋季学期以课程形式举办十次讲座，以后每年秋季学期举办十次。蒋毅坚校长还委托我为系列讲座取一个名字。我想我们有一个很好的书院名字，就用书院来命名吧，于是取名为"清源书院人文素养大讲堂"。

　　系列讲座取名"清源书院人文素养大讲堂"，依据是，北京石油化工学院早在2012年7月就挂牌成立了清源书院。"书院"起源于唐代，宋代开始兴盛，直至清代，书院一直是文人们讲学论学、传授知识与传承中华文明的重要场所。近年来，民间和部分高校陆续建成规模不等的各式书院，为继承和发扬中华优秀传统文化各尽所能。北京石油化工学院的"清源书院"秉承书院精神，在弘扬中华优秀传统文化、推动校园文化建设方面一直发挥着积极作用。在国家推行"新文科""新工科"建设的历史背景下，北京石油化工学院作为理工科学校，在坚守以培养新时期首善之区工程师为主要办学特色的同时，也在考虑如何加强学生的人文通识教育，提升学生的综合素质。面对这样的机遇，清源书院理应更好地发挥书院的功能，为学生提供高质量的人文素质教育课程资源，为增强学校的人文气息贡献力量。这个系列讲座，由清源书院组织主办，目的就是要给学生提供丰富的人文知识养分，活跃校园人文氛围，所以用"清源书院"冠名。

"清源"作为书院的名字，为系列讲座冠名，真是机缘巧合：北京石油化工学院位于北京大兴的清源路，因地得名，如同古代的"岳麓书院""嵩阳书院"。特别是极力推行书院建设的南宋大学者朱熹有诗云："半亩方塘一鉴开，天光云影共徘徊。问渠那得清如许？为有源头活水来。"（《观书有感》其一）"清源"二字正合此典。"问渠那得清如许？为有源头活水来。"看似写池塘，因为有源头活水不断注入才"清如许"，实则表示人要心灵澄明，就得不断认真读书，不断获取新知。我觉得还暗含第三层意思，那就是"正本清源"。"正本清源"典出《汉书·刑法志》，原文为"岂宜惟思所以清原正本之论，删定律令"。本义是从根本上整顿，从源头上清理，比喻凡事要从根源上加以整顿清理，使之规范正确。我们可以化用一下：学养的根基要正，学习的内容要纯净。书院的重要职能是宣扬、传承中华传统文化，而现在很多机构甚至一些媒体，在涉及中华传统文化时，很少着意本是否正，源是否清。清源书院正是要努力建设成为宣扬、传承中华优秀传统文化的平台，"清源"也就可以赋予其剔除糟粕、存其精华的含义。

何谓"大讲堂"？"大"有大众义，是面向全校师生的大型讲座；也有"大家"义，就是请来的主讲人都是学术大家，是某个领域的知名学者。因为听讲者不是为了学习专门知识，所以讲座在具有知识性、学术性的同时，还要具有通俗性、普及性的特点，传授"大众"可以听懂、可以接受的人文知识。

我们确定的系列讲座的宗旨是：使学生增长人文知识，开阔人文视野，陶冶高尚情操；弘扬中华优秀传统文化，活跃校园人文氛围。为此，经过与受邀专家协商，确定了每位专家讲座的内容，并根据听讲者为人文知识基础相对较弱的理工科本科生这一特点，要求讲座尽量做到基础性与专业性相结合，通俗性与学术性相结合，趣味性与知识性相结合。

感谢各位主讲专家对本系列讲座的慨然支持！系列讲座也在北京石油化工学院校园里引起了巨大的反响，听讲学生盛赞系列讲座是增长人文知识、培养人文情怀、开阔人文视野的精神盛宴。为了让各位专家的讲座惠及更多的学生，征得各位专家的同意后，我们决定编辑出版这个系列讲座的讲演稿。2020年的十次讲座，讲演稿经各位学者整理修改后，结集为《大学生人文素养名家讲座（一）》，已由语文出版社于2022年9月正式出版。收录于本书的，则是2021年秋季的九次讲座的讲演稿。

从收录于本书的讲演稿可以看出，系列讲座，可以说既做到了给同学们带来"源头活水"，也做到了"正本清源"，同时也达到了学术大家面向大众讲授人文知识的要求，因此是名副其实的"清源书院人文素养大讲堂"。这九次讲座，涉及人文、艺术学科的多个专业，包括中国传统艺术与审美、中国古代神话、古希腊文化、网络文化与网络语言、电影艺术、语言艺术、中国近代思想史等。

实践证明，我们开设的"清源书院人文素养大讲堂"系列讲座课程是非常成功的，每位主讲专家为我们精心准备讲演稿，给听讲学生带来了丰富的人文养分，也为同学们指明了课外自学人文知识的方向和方法。

感谢各位主讲专家慨然接受我们的聘请，感谢各位主讲专家慨然给我们提供讲演稿。正是各位主讲专家的不吝支持，我们的系列讲座才能够持续进行，才会有本书呈现给各位读者。

"清源书院人文素养大讲堂"系列讲座得到了北京石油化工学

院领导的高度重视，也得到了学校多个部门特别是学校教务处、人事处、校办、宣传部的大力支持。人文社科学院为精心组织系列讲座投入了大量精力。人文社科学院青年教师杜冰心博士、陈欣瑶博士、郭丹曦博士为讲座课顺利开展付出了大量的精力，编委会成员杜冰心、王国洪、王荣霞、杨钟红、张曼迪诸位为本书的整理付出了辛勤的劳动。在此一并表示衷心的感谢！

　　收录于本书的九篇讲演稿，是各位主讲专家在讲座的基础上整理修改而成的。根据出版社的要求，本人对部分讲演稿做了少量的字句调整。由于自身知识结构和水平的限制，主编这样一本文集，对我来说，能力是远远不够的，书中存在的不足和疏漏，概由本人负责，并请各位主讲专家原谅，请读者批评指正。

　　感谢中国教育出版传媒集团有限公司的李云龙先生帮助联系语文出版社出版本书，感谢责任编辑康宁女士认真细致地审读、编辑书稿。

杨荣祥

2023年5月12日